JN240606

エナジー
ENERGY

トリプル
TRIPLE

トランス
フォーメーション
TRANS
FORMATION

株式会社日本総合研究所
井熊 均
瀧口信一郎
木通秀樹

エネルギーフォーラム

はじめに

　2018年に新しいエネルギー基本計画が発表された。今回の基本計画では、2016年のパリ協定批准を受け、2015年に示されたエネルギーミックスが上方修正されるかと期待したが、踏襲される形となった。2030年あるいは2050年に向けて、もう少し積極的な姿勢があってもよかったのではと思う半面、今、日本が置かれた状態で、エネルギーの基本構造を見直さずに、エネルギーミックスをストレッチすることに意味があるのだろうかとも考えた。

　欧州がリードした送電線内の電力の低炭素化は、世界中のエネルギーシステムに大きな影響を与えた。そのことは多とするものの、原子力発電に強い逆風が吹くなか、膨大な量の蓄電池や二酸化炭素の回収・貯留（CCS）を投入しない限り、送電線内の電力をゼロカーボンにすることはできない。また、素材産業などで使われている熱エネルギーの低炭素化の目途も立たない。こうしたスキームの中で日本が頑張っても、低炭素化の目標を達成することは難しいし、世界市場で活躍し得る低炭素関連産業を生み出すこともできない。どんな方法を取るにしろ、パリ協定が目指す低炭素化目標を達成するためには、巨額の投資が必要となる。であるなら、それは、本当の低炭素化につながる投資であり、日本の低炭素関連産業の発展に資する投資でなければならないはずだ。

　そこで重要になるのは、地球温暖化に加え、遠くない将来に顕在化する化石燃料の枯渇という難問を克服し得る次世代のエネルギーシステムを目標に掲げ、その実現のためのロードマップを描くことである。本書では、こうした理解から、これからのエネルギーの在り方を左右する3つの変革を取り上げ、それを前提とした次世代のエネルギーシステム、実現のためのロードマップ、育成すべき産業について述べた。まず、第1章でエネルギーを取り巻く環境変化を概説し、第2章では、3つ目の大変革、すなわち、

送電システムの変革：Grid　Transformation、燃料転換：Fuel Transformation、データビジネスへの発展：Digital Transformation、のコンセプトを示した。そのうえで、第3章では、3つの変革から生まれる次世代エネルギーシステムを実現するためのロードマップと社会・経済・産業面の波及効果を概観した。

　本書の刊行に当たっては、株式会社エネルギーフォーラム出版部の山田衆三氏に企画段階から大変お世話になった。この場を借りて厚く御礼申し上げる。本書は、エネルギー分野での経営学修士（MBA）を持つ株式会社日本総合研究所創発戦略センターの瀧口信一郎君、人工知能（AI）／モノのインターネット（IoT）を含めた先進技術に関する株式会社日本総合研究所のトップスペシャリストの木通秀樹君との共同執筆である。多忙のなか、三大変革に関する難しい分析と執筆に取り組んでいただいたことに心より御礼申し上げる。最後に、日頃より筆者などの活動をご支援いただいている株式会社日本総合研究所に厚く御礼申し上げる。

2019 年 7 月　梅雨明け

井熊 均

第2章

次世代エネルギーシステムへの
トリプル・トランスフォーメーション　35

第1章

日本をとりまく 4つのエネルギー危機

（1）実現性の見えないパリ協定対応

パリ協定で上がった再生可能エネルギーのハードル

　2017年6月のトランプ大統領のパリ協定離脱表明から2年が経過したが、参加国では、具体化に向けた議論が進んでいる。2018年12月にポーランドのカトヴィツェで、パリ協定の運用の具体化を図ることを目的とした第24回国連気候変動枠組条約締約国会議（COP24）が開催され、温室効果ガスの排出量の計測方法をはじめとする、先進国、新興国・途上国共通のルールが合意された。2019年5月に京都市で開かれた国連気候変動に関する政府間パネル（IPCC）総会では、具体的な排出量の計算方法が定められ、第25回国連気候変動枠組み条約締約国会議（COP25）で正式に導入される。

　パリ協定は、先進国、新興国・途上国の隔てなく、すべての参加国に努力義務を課している。京都議定書のようなトップダウンではなく、各国が自主的に目標を立て温室効果ガス削減に向けた活動を進める。目標達成の義務がないことで、むしろ欧州連合（EU）各国の間でいかに高い目標を掲げるかの競争が起こっている。2018年1月に、ドイツの与党キリスト教民主・社会同盟（CDU）は、2030年の再生可能エネルギーの導入目標値を65％まで引き上げることを決定した。イギリスは、2018年の再生可能エネルギーの割合が33％に達し、2019年3月にエネルギー・クリーン成長担当大臣のクレア・ペリー氏は、2030年までに洋上風力発電の導入量を全発電量の30％以上に引き上げるとの意欲的な目標を示した。イギリスは、ドイツを上回る洋上風力発電の実績を持っている。水深の浅い海岸線近くから沖合に向かって洋上風力発電のエリアを拡大し、3000万kWまで発電容量を拡大する構えである。デンマーク議会も2018年6月には、2030年に再生可能エネルギー比率を50％とする目標値を合意しており、EU全体でも2030年に再生可能エネルギー比率の目標を27％から32％に

図表1-1　各国の再生可能エネルギー割合

	現状（2017年）	目標（2030年）
EU（最終消費）	17.5%	32%
ドイツ	33.1%	65%
デンマーク	43.4%	50%
インド	−	発電容量40%
パキスタン	−	60%
日本	15.6%	22～24%

注：再生可能エネルギーに水力を含む数値
出所：各種資料より筆者作成

引き上げることが決議されている（図表1-1）。

　先進国以外でもインドは、2030年の再生可能エネルギー比率の目標を40％に設定した。中心となる太陽光発電については、現状の2000万kWから1億kWに引き上げ、2022年までに1億7500万kWの再生可能エネルギーを導入する目標を掲げた。2018年6月、シン電力大臣は、既に水力発電を含む再生可能エネルギーが30％を超えていることを理由に、2030年の目標を40％から55％に上げる方針を示した。グジャラート州知事時代に太陽光発電産業の育成と安定した電力供給を実現したモディ首相は、とりわけ太陽光発電の普及に熱心で、2014年の首相就任後国全体で太陽光発電を拡大している。インドは、中国同様、石炭火力発電への依存度が高く深刻な微小粒子状物質（PM2.5）の問題を抱えているが、2017年5月に大規模太陽光発電のコストが1kWhあたり2.5ルピー（約4円）を割り込むまで低下したことで太陽光発電への傾斜を強めている。巨大な自国市場を通じて中国製の太陽光発電に対抗する国内メーカーを育成するという狙いもある。経済格差が依然として大きな社会問題であるインドでは、幅広い層の支持につながる社会的なインフラ整備は、モディ首相の主要課題でもある。200億ドル（約2兆2000億円）を投じて家庭用トイレを普及するクリーンインディア政策により、就任以来8000万家庭にトイレを設置した勢いで上下水道、電力などの整備を進めていく。2015年には、パリ協定の合意を受け、当時のフランスのオランド首相と途上国の太陽光発電

普及を目指すソーラー同盟を結成し、国内では、固定価格買取制度（FIT）、発電施設の税額控除の制度を施行した。

　パキスタンは、2030年の再生可能エネルギーの目標比率を60％（水力発電30％を含む）に引き上げる方針だ。2018年8月にカーン政権が誕生し、パキスタン正義運動（PTI）が政権を担うと、政治腐敗や権力争いに嫌気が差した国民の信頼を取り戻し、電力不足に対処するため、自家発電を含む太陽光発電の大幅増加策を打ち出した。パキスタンは、液化天然ガス（LNG）基地と天然ガス火力発電所の建設を進めているが、4〜5％の経済成長が5年間継続したことで慢性的な電力不足に陥り、再生可能エネルギーの拡大に舵を切った。月間1〜2日しか雨が降らないパキスタンでは、昼間の安定電源として太陽光発電が期待されている。

　2019年1月に、サウジアラビア・エネルギー・産業・鉱物資源省のハーリド・アル・ファーリハ大臣は、2030年までに6000万kWの再生可能エネルギーを導入すると発表した。2018年3月には、ソフトバンクの孫正義社長とムハンマド・ビン・サルマン皇太子が組成したビジョンファンドを通じて2000億ドル（約22兆円）を2億kWの太陽光発電に投資すると発表したのち、非現実的との非難を浴び、現実路線に引き戻された経緯がある。一方で、ムハンマド・ビン・サルマン皇太子は、「サウジアラビア・ビジョン2030」という長期戦略を公表し、脱石油、産業構造の転換を強力に進めている。太陽光発電産業の育成が産業構造の転換で重要な政策として位置づけられているのは間違いない。2018年6月にアラブ首長国連邦（UAE）は、サウジアラビアに対抗して約1.5兆円の経済対策と脱石油の方針を掲げた。再生可能エネルギーの目標比率を2030年に25％、2050年に75％とし、中東の化石燃料依存脱却と再生可能エネルギー導入拡大のリーダーになると宣言している。

大平原で成功した再生可能エネルギー

　欧州で風力発電の導入が進んだひとつの理由は、偏西風地帯に位置する

山地の少ない強風地帯が広がるからである。大西洋からスコットランド、イングランド、北海からデンマークのユトランド半島、ドイツ北部のシュレスビッヒ・ホルスタイン州やメクレンブルグ・フォアポンメルン州、バルト海、そしてポーランド、リトアニアなど大陸内へと吹き抜ける強い偏西風の通り道があるのだ。再生可能エネルギーに本格的に取り組み始めた当初、ドイツは、設備設置が容易な太陽光発電にも注力した。東西ドイツ統合後の東ドイツの産業政策の意味もあり、旧東ドイツ地域のQセルズなどの太陽光発電メーカーを育成したが、自然環境に恵まれた風力発電の優位性が次第に明らかとなった。ブレードの回転面積で発電量が決まる風力発電は大型化の一途をたどり、今では地上200メートル、1万kWを超える大型風力発電も登場しつつある。既にスコットランドのモーレイ洋上風力発電所では、9500kWの風力発電100基を建設するプロジェクトが進むなど、原発規模の風力発電所が洋上に建設され、デンマークやドイツの一部の洋上は風力発電で埋め尽くされている（図表1－2）。風力発電の拡大は留まるところを知らない。ドイツをはじめとするEUは、風力発電所を化石燃料の大型発電所に代わる電源として、強風域の風の道に敷き詰め

図表1－2　ドイツの洋上風力

出所：RWE社

ようとしている。

　果てしなく平地が広がり、強風を遮る樹木も生えないアメリカの荒野も風力発電の適地である。ロッキー山脈の西側のコロラド州から中西部のサウスダコタ州、ネブラスカ州、カンザス州、ミネソタ州、アイオワ州、ミズーリ州の平原には、常時強風が吹く広大な風力発電適地がある。アメリカでは1980年代に、環境意識の高い住民が多いカリフォルニア州サクラメントの丘陵地帯でいち早く大規模風力発電所が開発された。しかし、強風域でないため、発電コストが高く本格的な普及にはつながらなかった。2000年代に入ってから、コロラド州、中西部の各州、風況はやや劣るが荒野の広がるテキサス州で、風力発電所の建設に合わせて送電線が整備され、風力発電の大型化が進むと、発電コストが一気に低下した。

　このように偏西風地帯を有する欧州やアメリカでは、東日本大震災後に日本で大規模再生可能エネルギー発電所に注目が集まる前に、強風の吹き抜ける大平原に大型風力発電を建設し、送電線を整備するという事業モデルが確立していた。

　パリ協定を機に、再生可能エネルギーの投資の中心は先進国から途上国に移る。多くの途上国は、欧米各国のような強風域はないものの、南北回帰線の間に位置し、日射量が多い。例えば、インドでは、都市近郊の空き地、中東の砂漠などに太陽光発電の適地が広がる。日射量の多いラジャスタン州、グジャラート州、マハラシュトラ州などで大規模太陽光発電所の導入が進んでいたが、モディ首相の就任後その動きが全土に広がった（図表１－３）。カルナータカ州のパヴァガダ太陽光発電所、アーンドラ・プラデシュ州のクルヌール太陽光発電所、タミル・ナードゥ州のクムティ太陽光発電所、ラジャスタン州のバドラ太陽光発電所などでは、50万kWを超える規模の発電所が建設されている。

　パキスタンでは、2015年にチョリスタン砂漠で10万kWの太陽光発電所が建設された。中国の総額460億ドル（約５兆500億円）の投資による「中国・パキスタン経済回廊」計画に基づき40平方キロの広大な土地に発

図表1−3 インドの太陽光日射量分布

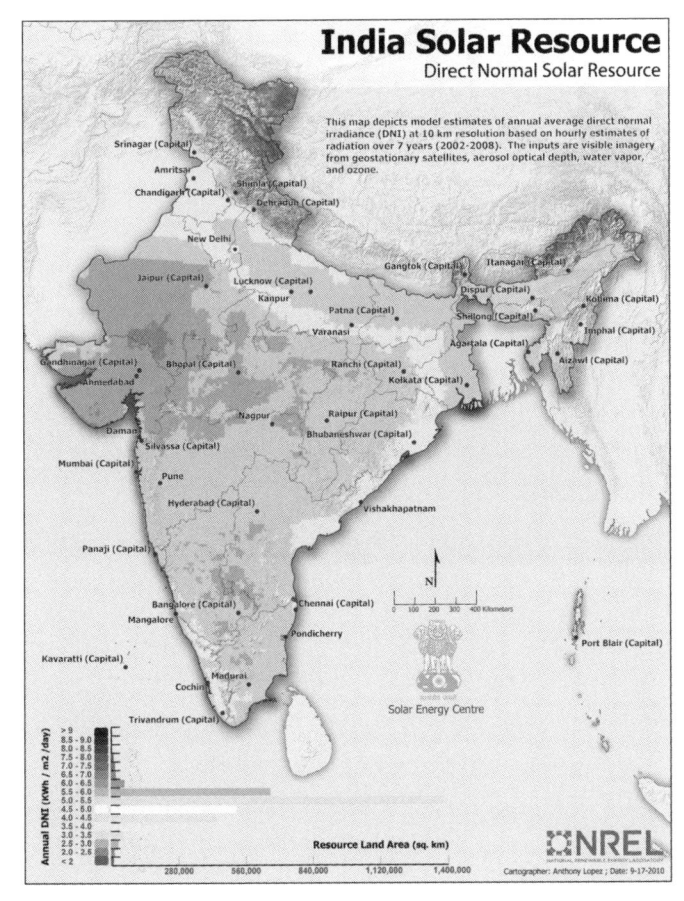

出所：アメリカ国立再生可能エネルギー研究所

電所が建設された。

　脱石油依存を目指すサウジアラビアやUAEなどは、広大な砂漠の土地に数十万kW規模の太陽光発電所を建設し、都市部の電力需要を賄い始めている。強い日射と長い日照時間で発電コストはkWhあたり3〜5円まで低下したため、新たな送電線の整備を必要としない地域では、太陽光

図表1-4　ドバイ近郊の太陽光発電所の概況

発電の建設ラッシュとなっている。サウジアラビアでは、2019年に60万 kWのアルファイサリア・プロジェクト、30万kWのラービグ・プロジェクト、ジェッダ・プロジェクトを含む合計200万kW超の太陽光発電プロジェクトが計画されている。UAEのドバイでは、再生可能エネルギー開発事業者であるマスダール社がドバイ首長の名を冠した100万kW級のムハンマド・ビン・ラーシド・アール・マクトゥーム太陽光発電所の建設を進めている（図表1-4）。ドバイから南方約50キロにある214平方キロ砂漠の真ん中に建設され、フランスEDFなどの参加も得て総額1.5兆円が投資される。

　このように可能性が高まる再生可能エネルギー事業だが、世界で目指されているのは、火力や原子力を代替する巨大再生可能エネルギー発電所だ。その技術的な背景は風力発電設備の巨大化と50年前に確立したシリコンベースの技術だ。

モデルの見えない日本の再生可能エネルギー

　挑戦的ともいえる欧州、一部の新興国の再生可能エネルギー導入に対して、日本の政策は停滞している。風力発電については強風地域が稚内から留萌にかけての北海道北部、青森県の津軽半島と下北半島、秋田県の海岸沿いなど一部の地域に偏っているうえ、東北の海岸線沿いは、広大な平地が広がる訳ではなく、大規模風力発電所を建設するのは難しい。秋田県では、風車1000本の建設を目指す「風の王国プロジェクト」の中で、すべての海岸線に一定の間隔で風力発電を建設するという挑戦的な計画が立てられている（図表1-5）。ただし、挑戦的なプロジェクトもここまでで、欧州のような百万kWレベルの風力発電所が次々に建設することは考えられない。

　2011年から福島県沖などで洋上風力発電の実証プロジェクトが進められている。2019年5月には丸紅、日立造船、九州電力、みらいエナジーが福岡県北九州市の響灘で新エネルギー・産業技術総合開発機構（NEDO）の支援の下、高さ70メートル、出力3000kWの浮体式洋上風力発電設備

図表1-5　秋田の風車1000本設置のイメージ図

出所：風の王国プロジェクト

1基の運用を開始した。九州電力は、ドイツ電力大手エーオンと共同で響灘での洋上風力発電の事業化を検討している。しかし、日本近海は水深が深く、欧州の遠浅の海での洋上風力の建設とは事業環境がまったく異なる。また、浮体式風力発電は、FITの買取価格が36円／kWhと設定されているように、天然ガス火力のコストに近づくには、3分の2ものコストを削減しなければならない。さらに、日本の沿岸で漁業権に絡まない場所は殆どないため調整負担も大きい。欧州で開発されているような大型でコスト競争力の高い風力発電所に建設できるような立地は皆無といってもよい。

太陽光発電についても、日照時間が年2000時間強の日本では、同3500時間を超えるインド、中東のような発電コストは実現できない。また、太陽光発電に適した九州、甲信越などは、平地が限られ広大な土地の確保は容易でない。2018年に岡山県瀬戸内市錦海塩田跡地に敷地面積5キロ平方メートル、発電容量23.5万kWという日本最大の瀬戸内Kirei太陽光発電所が運転を開始した。かつて東洋一の規模を誇った天日採塩法の巨大な塩田跡地が開発会社の倒産などで利用されずにいたことで実現した事業であり、同じ規模の発電所立地は滅多に出てこない。これだけの好立地でも、公共事業の残土で整地したり、自営線を地下埋設して野鳥など自然との共生を図ったり苦労が多かったとされる。日照時間が長い平地を確保できるのは、北関東など限られた地域になるが、農地の転用を伴うことが多い。地形、規模、農地転用の負担がないのは北海道・道東地区などだが、日照量が十分ではない。さらに、どこに行っても労務費が高く、都心の建物と同様の耐震基準が課される。砂漠のど真ん中に簡易な施工で太陽光発電所が建設できる中東諸国とは雲泥の差だ。

このように、世界の再生可能エネルギー事業で主流になっている超大型の風力発電所や太陽光発電所を低コストで建設できる可能性が殆どないのが日本の実情だ。日本は、化石燃料だけでなく再生可能エネルギーの資源も十分とはいえないのである。

(2) 脅かされるエネルギーセキュリティ

欧米金融界が仕掛ける石炭火力の座礁資産論

　EUの政治的意図もあり、金融界では石炭火力を投資回収できない座礁資産と位置付ける動きが広がっている。座礁資産は、オックスフォード大学のスミス企業・環境大学院の環境規制が企業資産に与える金融的インパクトを図る取り組みのなかで打ち出された概念である。2008年に同大学院を創設したマーチン・スミス氏は、数人のパートナーとともに投資銀行を設立し、その投資銀行をアメリカの投資銀行DLJ（のちにクレディスイスにより買収）に売却して巨万の富を稼いだ人物である。その人が環境分野で政策と企業と世界有数の大学を結ぶ大学院の創設を構想し、資金を提供した。現在、スミス企業・環境大学院のファイナンスプログラムのディレクターは気候変動に関わる投資銀行の出身であり、ロンドン・シティの投資銀行、年金基金がこの概念に飛びついて、EUの金融界に浸透した。

　金融は、中長期のリスクを予測し、リスクに応じて収益源を見つけるビジネスである。政策当局としては、環境問題をリスクとして提示し、金融界の対応を促すことで、経済の健全な成長や金融システムの安定化に資することができる。2017年に中央銀行、財務省、金融監督当局が参加する金融安定理事会（FSB：Financial Stability Board）が、金融システム安定性の観点から気候変動リスクに注目し、企業に気候関連の財務情報開示を促す報告書が公表され、銀行などが着目するようになった。この動きを主導してきたイングランド銀行カーニー総裁は、気候変動は洪水や暴風雨などの物理的リスク、気候変動に伴う訴訟リスク、低炭素社会への移行に伴う金融システムの安定性へのリスクを伴い、多くの化石燃料関連資産向け融資が座礁資産化するとの考えを表明している。気候変動のリスクシナリオを想定し、金融資産の損失規模を評価するストレステストにも言及した。カーニー総裁は、ゴールドマンサックスで投資業務に携わった経歴を

持ち、座礁資産論を含め、化石燃料の発電から早期に再生可能エネルギーに転換する金融スキームを推進するという考えを持っている。イギリス政府の低炭素化の方針だけでなく、投資銀行家にもなじみやすい考えが背景にある。

　ESG（環境・社会・ガバナンス）を追い風に、欧州発の座礁資産論は世界中に及びつつある。気候変動リスクを見極め投資先が座礁資産と可能性を評価すること、再生可能エネルギーへのシフトを加速させてイノベーションを起こすことを目的に、政策と金融界の戦略が密接に絡み合い、座礁資産論が勢いを増す構造がある。アメリカのトランプ大統領は、欧州の戦略を否定しているが、その勢いは世界に大きな影響を与えつつある。

持続性に懸念が出てきた世界の原子力

　ドイツでは、2002年に社会民主党（SPD）のシュレーダー政権下で決定された脱原発を転換する方針を示していた。しかし、キリスト教民主同盟（CDU）のメルケル首相は、2011年3月11日の福島第一原発事故の翌日に方針転換を表明し、同年6月の閣議決定を経て、同年7月に2022年までに原子力発電から撤退する脱原発法案を議会で可決した。これを受け、2011年9月には、ドイツの重電メーカー、シーメンスが原子力発電事業から撤退した。シーメンスは、ロシアの原子力発電企業ロスアトムとの提携を検討していたが、脱原発の方針を受けて撤退を決めた。国のエネルギー政策に深くかかわり、高度な技術開発を要する原子力事業は自国市場なしでは継続できないからだ。現在7カ所の原発が運転されているが、その他は既に廃炉決定を経て解体が始まっている。原子力分野を専攻する学生も減っており、ドイツが脱原発を見直すことは考えにくくなっている。放射性廃棄物を永久保管する場所が確定していないため、廃炉延期は万が一のケースとしてはあり得るが、再稼働の可能性はますます低くなっている。こうしたドイツの動きの背景には、旧ソ連時代のチェルノブイリ原発事故以来、原発事故への不安感が強いこともある。脱石炭のスピードが遅れる

ことはあっても脱原発は止まらないだろう。

　発電量の20％を原子力発電に依存し、原子力発電を継続する方針を示しているイギリスも1995年以降、原発を新設していない。2011年9月には、スコットランドに拠点を置く大手電力会社SSEが原子力発電からの撤退を表明し、ムーアサイド原発プロジェクトは行き詰まった。その後、東芝が同プロジェクトに参画したが、経営難から2018年に撤退を表明したことで、プロジェクトは停滞している。ウィルファ・ネーウィズ原発プロジェクトは当初、ドイツの電力大手エーオンとRWEが進めたが、ドイツの脱原発政策で撤退を決め、2012年11月に日立製作所とGEがプロジェクトを引き継いだ。しかし、現状の買取価格では投資が回収できないとして、2019年1月に日立製作所が撤退し、先行きが不透明になっている。フランスEDFと中国広核集団が手掛けるヒンクリーポイント原発は工事が進むが、投資コストが増大し、イギリス政府が電力の買取価格を契約時の2倍とする対策を示し、国民からの批判が強まっている。イギリスでも安全対策コストが上昇し、原発の投資回収が容易ではなくなる事態に陥っている。

　アメリカでは、2002年にブッシュ政権が1979年のスリーマイル原発事故以来となる原発の再スタートを表明し、2010年から新設の原発の稼働が予定されていた。しかし、福島第一原発の事故により、安全対策コストが上昇する一方で、シェールガスにより、天然ガス火力の発電コストが低下して、原子力発電の競争力が低下し新設が停止している。2016年のテネシー州ワッツバー原発2号機の稼働以降、新規稼働がない状態が続いている。既存の原発についても、2013年のフロリダ州クリスタルリバー原発を皮切りに、2014年のバーモント州のヤンキー原発、2016年のネブラスカ州のフォートカルフーン原発、2018年のニュージャージー州のオイスタークリーク原発、2019年5月31日のマサチューセッツ州のピルグリム原発など、7基の原発が閉鎖された。さらに2017年には、事故を起こしたスリーマイル原発が採算性を理由に撤退を決めるなど、4基の原発の

閉鎖が進められている。アメリカの原発は、日本と違い、電力会社が使用済み核燃料を再処理し、プルトニウムを再利用する必要がない。そのため、トラブルの続いた「もんじゅ」のような高速増殖炉を手掛ける必要がなく、電力会社は、発電所単体の採算性に基づいて原子力発電の是非を評価する傾向がある。そうした経営姿勢が原子力発電からの早々の撤退につながった面がある。

　原子力発電が閉鎖されれば、電力会社の原発のオペレーション能力は失われる。また、新設稼働がなければ、メーカーの原子力発電技術は低下し、建設会社の建設ノウハウもなくなる。日本では、原子力分野に進む人材は廃炉技術などに限られ、技術者を確保できず、技術の継承が難しい状況が続いている。よほど踏み込んだ政策が取られない限り、原子力発電の維持は厳しい状況に陥る。

ベース電源不在の時代

　これまでの電力システムでは、昼夜を問わないベース需要、朝から立ち上がるミドル需要、昼間のピーク需要という1日の需要の変化に合わせて、石炭火力、原子力、水力などのベース電源、天然ガスなどのミドル電源、石油火力などのピーク電源が運用されてきた。ベース需要に対して、電力を24時間供給し続ける石炭火力や原子力は、電力システムの要であった。しかし、再生可能エネルギーの導入拡大で、ベース電源に対する風圧が強まり、その位置づけが揺らぎつつある。これには2つの要因がある。

　1つ目は、上述のように石炭火力発電と原子力発電への投資リスクが高まっていることである。石炭火力は、気候変動を背景とした社会的な圧力が高まれば、座礁資産となり投資が未回収となる。大型発電所への投資は、50年といった長期間稼働し続けることで採算性が確保されるため、将来的にリスクがある場合、投資は躊躇される。原子力発電は、安全性確保のためのコストで投資が回収できないケースが出ている。現状、安定したベース電源として活用できるのは水力発電だが、十分な水力発電の発電量を

確保できるのは、ノルウェー、オーストリア、カナダなど一部の国に限られる。日本でも総発電量の1割程度を満たすに過ぎず、大型河川の水力発電資源はほぼ開発し尽くされている。

2つ目は、再生可能エネルギーの割合が高まり、電力の変動調整の影響が強まっていることである。風力発電や太陽光発電は、発電量の変動を天然ガス火力発電などで調整する必要がある。天然ガス火力発電は、起動に30〜40分程度を要するため、変動に対応するには常時発電していなくてはならない。そこでベース電源が稼働していると、天然ガス火力の待機発電の余地がなくなるため、ベース電源の発電容量を下げざるを得ない。

風力発電をベース電源と位置付けるとの議論もあるが、いかに広域分散しても風力発電の電力が安定することはあり得ない。今後の電力システムでは、ベース電源の機能をどのように維持するかが問われる。

中国の天然ガス大量購入ニーズ

2012年以降、日本の天然ガス火力の発電量の割合は4割を超えている。東日本大震災後に原発の停止で天然ガス火力に依存せざるを得なかったからだ。天然ガスの調達量が急増し、スポット市場での調達を余儀なくされた日本は、世界の産ガス国、石油天然ガス大手に足元を見られ、LNGの調達価格は2010年の100万Btuあたり10.8ドルから、2014年には16.2ドルに上昇した[1]。

天然ガスは、2010年頃からのアメリカのシェールガス開発で世界的な供給力が増しており、天然ガスに依存する日本にとって好ましい状況が続いている。2017年にアメリカは、天然ガスの純輸出国になり、日本でも2017年1月にルイジアナ州サビンパスLNG基地からJERA（東京電力と中部電力の燃料・発電事業の合弁会社）が天然ガスを輸入し、2018年5月には、住友商事が調達したシェールガスを東京ガスがメリーランド州コーブポイントLNG基地を通じて受け入れる長期契約を締結した。テキサス州フリーポート、ルイジアナ州キャメロンなどからの輸入も始まり、

LNGの安定調達の期待が高まっている。しかし、トランプ大統領は、アメリカのエネルギーの自立とエネルギーの支配を目指すと公言している。アメリカの天然ガス生産量は、2018年に8000億立方メートルを超え、ロシアに1500億立方メートル以上の差をつけて断トツの世界トップとなった。シェールガスの輸出量が増大するにつれ、生産量2位のロシア、3位のイランに対しても強気のスタンスを取るようになっており、アメリカのLNGに依存し過ぎることは、日本にとってリスクとなる可能性がある。

　一方、中国は、四川省などの国内のガス田開発、トルクメニスタン、ウズベキスタン、カザフスタンを経由する天然ガスパイプランの整備を進めている。中国は、中央アジアの天然ガスパイプラインで天然ガスの安定調達を可能としたが、2000キロにも及ぶパイプラインのコストが需要家の

図表1-6　中国の天然ガス消費と輸入量の推移

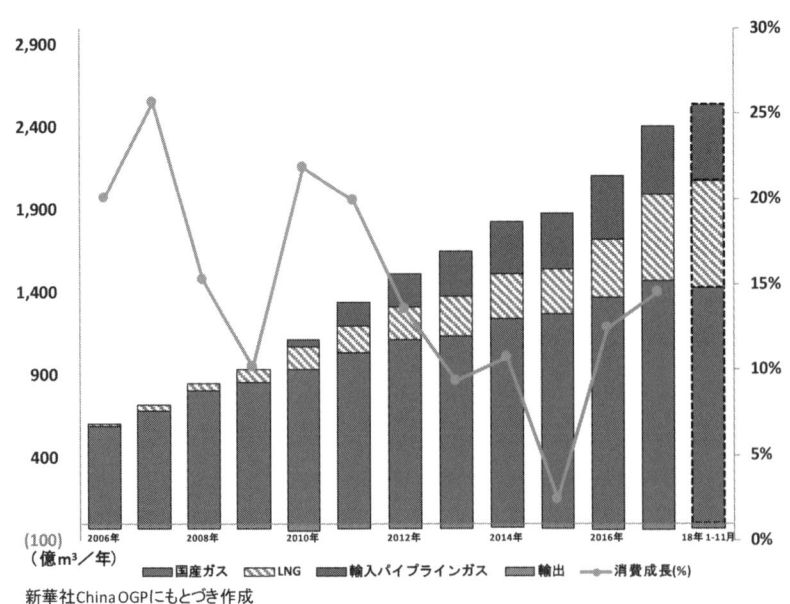

新華社China OGPにもとづき作成

出所：石油天然ガス・金属鉱物資源機構

重荷になっている。トルクメニスタンからタジキスタン、キルギスを経由したルートも建設されているが、同じようにパイプラインのコストが問題となろう。

陸上ルートにばかり依存していられないため、中国はLNG基地を建設し、船舶による天然ガスの輸入を拡大させてきた（図表1−6）。中国は、石炭火力から天然ガス火力への転換による環境性向上を急いでおり、2018年のLNG輸入は2017年から5割近く上昇した。中国の巨大な需要は、LNG国際市場価格に影響を与え始め、暖房需要で天然ガスを大量調達した2017年12月には、100万Btuあたりの調達額が10ドルに達した。その後、長期契約の増加でスポット価格の上昇は抑えられているものの、中国のLNG調達は、今後も市場価格に大きな影響を与える。かつては、中部電力などのLNGの最大需要家を擁する日本がカタールと調達価格を決定してきたが、今や巨大需要家となった中国が主導権を握ろうとしている。中国の発電量に占める天然ガス火力発電の割合は現状わずか3%だから、LNGの調達量は確実に上昇し、LNG市場は中国の需要に揺さぶられることになる。

日本で石炭火力の稼働が難しくなると、天然ガス火力への依存は高まらざるを得ない。パイプラインでの天然ガス調達ができない日本は、中国の需要によるLNG価格の乱高下のリスクにさらされる。

（3）三重苦の日本のエネルギー

求められるエネルギーミックスの転換

資源エネルギー庁は、2030年の電源ごとの発電量を、天然ガス火力27%、石炭火力26%、原子力22〜20%、再生可能エネルギー22〜24%とするエネルギーミックスを示している。しかし、これまで述べてきたように、いずれの電源についても実現には不透明性がある。資源エネルギー庁は、

2050年に向けたエネルギーミックスを2030年から変更しておらず不透明さは一層増している。現時点では、政策当局、エネルギー会社の誰もが明確な答えを持っていないように思われ、日本は、将来に向けた確固たる方針を示せないでいる。

　座礁資産論に対して、日本の金融界は、比較的冷静に対応していたが、グローバル市場でビジネスを展開する商社や金融機関は、今まで以上に積極的な対策が求められている。政策当局や電力会社は、欧州とは一線を画して、石炭火力を維持し、超超臨界、石炭ガス化複合発電（IGCC）といった高効率石炭火力を途上国に輸出するシナリオを描いていたが、国際的な非難にさらされている。電力会社や大手商社は、ノルウェーの年金基金など欧州の投資家から脱石炭の取り組みの遅さを批判され、株式保有の対象から外されたり、取引上の制約をかけられるなど、ビジネス上の支障が出ている。2016年に上述したオックスフォード大学スミス企業・環境大学院は、日本の電力会社、鉄鋼会社、製紙会社、商社などの企業名を挙げて、座礁資産による損失リスクを警告している。その後、2018年には、三菱商事と三井物産が発電用石炭の鉱山事業からの撤退を決め、三井住友銀行は、超超臨界あるいはそれ以上の効率でなければ石炭火力への融資を行わない方針を明らかにした。2019年には、みずほ銀行も同様の方針を示し、三菱UFJ銀行は、新設の石炭火力発電には原則融資しない方針を明らかにした。グローバル企業は、国際的な批判を無視して、石炭火力を進めることは考えにくくなっており、石炭火力の立場は今後ますます苦しくなる。石炭火力に批判的な環境省は環境アセスメントを厳しくしており、日本では、石炭火力の増設はおろか、石炭火力を維持する政策自体が揺らぐ可能性すら出ている。

　原子力発電については、電源開発（J-Power）の大間原発、東京電力の東通原発、中国電力の島根原発3号機といった建設中案件や、東北電力や九州電力の建設準備中案件が先送りを余儀なくされている。東日本の原発は、再稼働すら不透明で、原子力発電の発電量シェアを高めるのは容易で

はない。支えるメーカーも、ウェスティングハウスの破綻に伴い、東芝は経営基盤が揺らぎ、日立製作所もイギリスのウィルファ・ネーヴィス原発から、三菱重工業もトルコのシノップ原発の計画からの撤退を決めた。原子力発電は海外輸出でも行き詰まりを見せている。

　一方、FITにより太陽光発電が一気に普及したこともあり、エネルギーミックスにおける再生可能エネルギーの比率は達成されるのではないかとの声もある。しかし、高い買取コストと変動調整負担なしで導入された太陽光発電がFITのない時代に生き残れるのか、という課題が残る。日本のFITは、事業用太陽光発電（メガソーラー）の買取価格を高く設定し過ぎたことで国民負担を増しただけでなく、市場構造をゆがめる結果となった。日射量や日照時間が十分でない日本では、太陽光発電のコストが天然ガス火力より低くなるのは容易ではなく、国民の信頼を失えば、太陽光発電への投資がゼロに近い状態に逆戻りすることもあり得る。日本では、海外のような原発並みの大型の再生可能エネルギー発電所の建設が難しい事実も明らかになってきており、中長期にわたる再生可能エネルギーの導入には依然として課題が多い。

　1960年代に建設された火力発電の建て替え時期が2020年代に到来する。そこで大型火力に投資すれば、50年以上維持していかなければならない。更新投資を行ったあとでエネルギーシステムの方向転換が起これば、新たな投資がそれこそ座礁資産化してしまう。このタイミングで大きな賭けに出るべきかどうか、現状、誰も答えを出せない。2020年代に、どのような電源に投資するかで次世代のエネルギーミックスは大きく変わる。

本格的な人口減少時代による電力需要の減少

　人口減少が本格化する日本では、電力需要が減少するリスクが高い。株式会社日本総合研究所調査部は、2050年の電力需要は、2016年時点と比較して2割以上減少すると予測している[2]。2050年の日本の人口は約1億人と現在から2割程度減少する。人口が減れば、核家族化による世帯数の

伸びも鈍化するため、家庭用の電力需要は2割程度減少せざるを得ない。スマホ需要などで電力需要が伸びるのではないかとの声もあるが、その量は微々たるものだ。電気自動車（EV）も普及率が2割程度に留まれば、需要の減少を取り戻すほどにはならない。人口が減れば労働力も減り、結果としてオフィス需要も減退する。重厚長大産業の割合が低下する産業構造の転換は今後も続くだろう。これらに加えて2011年の東日本大震災以降続いている省エネ傾向がある。電力需要の減少は、電力会社の利益を低下させ、投資余力を縮小する。送電事業の収入は、販売電力量に電気料金の単価を乗じたものだから、電力需要の減少は、送電投資余力の減少に他ならない。こうした市場構造が見えているなかでの積極的な設備投資は、一般の企業経営では考えられない。

　日本では、風力発電にしても太陽光発電にしても、条件の良い土地は大需要地から離れているため、送電線の整備が不可欠だが、電力需要の減少で資力余力が低下するなかでの投資というのが現実だ。

自由化による投資余力のさらなる低下

　低成長あるいは経済縮小のタイミングで本格化した電力とガスの自由化は、電力会社の投資意欲を一層減退させている。自由化で顧客を奪われた小売会社は、新規サービスへの投資より顧客離脱防止、コスト削減に注力する。発電会社は、新たな投資や維持管理費を抑えて発電コストを低下させる。送電会社は、自社グループの電力の販売以外からも収益を得られるが、グループの利益を支えることが求められると、投資を抑えて収益性を高めるしかなくなる。

　また、発送電分離されたとはいえ、自社グループの小売会社の競争環境を劇的に変える広域融通には積極的になれないから、地域間連系線への投資には慎重になる。送電投資を増やすには、託送料金の値上げが避けられなくなり、需要家への電気代を押し上げ、批判を受ける可能性もある。新電力の競争力をそぐ意図があるのではないかとの批判もあり得るだろう。

送電会社についても積極的な投資は行う環境は見当たらない。

　国による送電投資も考えられるが、民間電力会社による電気事業の枠組みを浸食する。国が補助金を出すためには、産業政策上の意義など正当な理由が必要だ。地域間連系線にFITと同じ枠組みで資金を投じる仕組みが検討されているが対象は限定される。

　どこから見ても自由化で電力会社の投資力は減退していくのである。

（4）崖っぷちのエネルギー産業

苦境に陥る日本の重電メーカー

　東日本大震災以降、原子力発電の稼働低下を補うために天然ガス火力と石炭火力が大増設された。新たに市場参入した新電力が天然ガス火力で自己電源を確保したり、発電コストの低い石炭火力発電を増設してきたことが背景にある。発電市場は明らかに供給過剰状態にある。さらに、環境アセスを回避するための11.25万kW未満の石炭火力の計画が多発すれば、石炭火力に対する国際的な批判が高まり、環境省が石炭火力発電に対する態度を硬化させたことで石炭火力の建設はハードルは上がっている。その結果、火力発電メーカーは、国内で新設案件が先細りとなり、十分な事業規模が確保できない状況にある。火力発電市場の将来性がさらに不透明になれば、事業投資をする事業者はいなくなる。

　原子力発電については国内の新設案件が見込めなければ、企業は安定した事業資源を保てなくなる。国内市場なしにエネルギーインフラ輸出だけで事業を維持することは難しい。2022年にドイツの脱原発が実現すると、原子力発電への風当たりは一層強くなろう。

　風力発電の拡大に期待する重電メーカーもあるが、日本国内での導入量が365.3万kWと欧州と比較して微々たる規模にとどまるなかで[3]、中国勢やGEなどの海外風力発電メーカーと競争するのは、容易なことではない。

こうした市場環境が続けば、半導体や液晶のように、日の丸重電メーカーの統合が話題に上る可能性もある。三菱重工業と日立製作所が火力発電事業を統合した背景にも火力発電事業の先行きの厳しさがある。

枯渇する技術人材

　団塊の世代の退職で技術者が大幅に減少することも大きな問題だ。「団塊ジュニア」といわれる世代が退職する時期になると、日本の発電技術を支えてきた技術者は大幅に減少する。新規研究開発への投資が細り、若手のいない研究開発組織も多いとされ、日本が世界トップレベルの技術力を誇ってきた火力発電や原子力発電の技術の伝承が危ぶまれている。

　新たな人材を育てようにも、原子力については、専攻する学生が激減しているとされる。社会的な意義から解体技術、廃炉技術に興味を持つ学生は一定程度いるとされるが、原子力発電の技術を維持するためには一定の新設需要が必要だ。国内の新設停滞で官民で海外輸出を進めたが、東芝の経営問題、原発の安全コストの上昇などで実を結んでいない。今や技術開発や原発新設の仕事をするには中国企業に行くしかないとの声もあがる。部品点数が少ないため故障リスクが抑えられ、制御不能な核連鎖反応が起こりにくいとされる数万〜30万kW規模の小型モジュール炉（SMR）の開発も注目されるが、現時点で、その実現性は定かでない。軽水炉とともに有力といわれる高速中性子炉を開発するテラパワーへ出資するマイクロソフト創業者のビルゲイツは、SMRの可能性を高く評価するが、SMRの開発で先行するアメリカでも、実用化は2030年頃といわれ、技術を継続するための足がかりとはなりにくい。

　先が見えない仕事に就きたいと思う学生はいないから、これからは火力発電も同じような状況に陥り得る。地球温暖化問題を物心つく頃から繰り返し聞かされた学生が座礁資産論を目にし、電力会社での石炭火力の運営や研究開発の仕事を敬遠する可能性は十分考えられる。

　地方の人材不足はさらに深刻である。製造業の工場撤退や上下水道、公

共インフラ設備投資の減った地方からは、技術者が引き揚げ、インフラメンテナンスの東京依存が進んでいる。地方のビジネスホテルに行くと、都市圏からの作業服を着た出張技術者に遭遇することも多く、地方には技術者が住まいを持ち、働く場が減り続けていることが実感できる。

エネルギー危機を乗り越えるための要件

　戦後、日本のエネルギー政策は、電力需要が拡大することを前提につくられてきたが、今後は、電力需要の減少を前提として組み立て直すことが必要となる。その際、電力会社の投資余力が細るなかで、どのように再生可能エネルギーの大量導入を図るかについては、以下の3点を考慮する必要がある。

　1つ目は、座礁資産化しかねない投資をいかに抑えるかである。2020年代の集中的な火力発電の退役に対して単純な建て替えを行うことは将来のリスクとなり得る。再生可能エネルギーについても、送電線への投資が押さえられれば、計画どおりに発電が行えない可能性がある。

　2つ目は、国際的に競争力のある産業を生み出し得るエネルギーシステムに限られた投資資源を集中するための戦略的な発想が求められることだ。日本は、将来のエネルギーシステム像が定まらないことがエネルギー産業の競争力低下につながったという反省が必要だ。国内のエネルギー産業が衰退し、投資資金や技術の海外依存度が高まると国民負担の増加につながる。

　3つ目は、エネルギー市場の魅力を高め、従来のエネルギー産業の枠組みを超えた広い産業分野から資金を呼び込むことである。エネルギーは、すべての産業や国民生活のインフラだから多くの産業と接点がある。エネルギー産業自体に投資余力がなければ、他産業の力を借りるしかない。

　それには、エネルギーを取り巻くこれからの変化を捉え、時代を先取りしたものである必要がある。EUが先行した「送電線内の電力のグリーン化」に縛られたエネルギーのビジョンを掲げても、再生可能エネルギーの

事業環境が不利な日本でEUほどの成果が上がる訳ではないし、世界的な産業が生まれる訳でもない。また、本格的な低炭素の時代、あるいは次世紀には必ずやって来る化石燃料枯渇の時代に向けた最終的な解が得られる訳でもない。

　日本が次世代に向けたエネルギー問題に対処するために何より必要なのは、起こり得る変化を捉える眼と変化を乗り越えるための創造性である。そこで念頭に置くべきなのは、エネルギーについて必然的に起こる3つの変革（Transformation）である。

　1つ目は、電力を需要家に届けるための仕組みの変革である。これまでは、大規模発電に適した土地に大型の発電所を建設し、長大な送電網（Grid）を敷いて需要家に電力を届けた。このシステムがなくなることはないが、これだけでエネルギーを取り巻く問題を解決することはできない。そこで生まれるのが、電力を届けるための仕組みの変革、Grid　Transformationである。

　2つ目は、化石燃料の役割を代替し得る燃料の変革である。エネルギー密度が高く、可搬性があり、さまざまな需要に対応できる化石燃料は、現代社会の基盤である。再生可能エネルギー由来の電力は、エネルギーとしての機能において化石燃料に遠く及ばない。我々が追求しなければならないのは、地球温暖化問題を解決し、将来の化石燃料の枯渇を克服し、化石燃料の機能を代替し得る、次世代の燃料への転換、Fuel Transformationである。

　3つ目は、エネルギーが生み出す価値の変革である。我々の生活、産業活動はエネルギーに関わるさまざまな設備、機器によって支えられている。そして、これらの殆どすべてが制御のためのデータで繋がれている。そこで求められるのが、AI／IoTの時代に向けて、エネルギーに纏わるデータの価値を最大限に生かす、Energy Data Transformationである。

　次章では、これら3つの変革（Transformation）について述べていこう。
　こうした変革を捉えるために欠かせないのが、次世代指向の魅力あるエ

ネルギーシステムのビジョンと、それを実現するための政策である。

〈脚注〉
1　資源エネルギー庁「エネルギー白書 2015」
2　藤山光雄「2050 年の電力消費は 2016 年対比2割減少」
　　『日本総研 Research Focus』2018 年5月 14 日
3　一般社団法人日本風力発電協会ニュースリリース
　　(http://log.jwpa.jp/content/0000289646.html)

第2章

次世代エネルギーシステムへの　トリプル・トランスフォーメーション

（1）グリッド・トランスフォーメーション

エネルギー安全保障が可能とした広域連携

　EU は、1952年結成の欧州石炭鉄鋼共同体（ECSC）を起源とし、エネルギー安全保障を同盟の根幹に位置付けてきた。欧州では、イタリアをはじめエネルギー資源が不足する国が多く、エネルギー資源が争いの種となってきた歴史があるからだ。第二次世界大戦後、1870年の普仏戦争以来、ドイツとフランスの争いのもとになってきたアルザス・ロレーヌ地方の石炭などを共同管理し、アメリカとソ連の核開発に欧州一体で対抗してウランの共同購買と発電技術の共同開発を進めるために生まれたのがECSCだ。近年では、ロシアからの天然ガス調達で交渉力を高めるための共同購買も議論に上る。

　1980年代に経済面で国際的な地位が低下した欧州各国は、EUへの衣替えを機にエネルギー安全保障と、国際的な発言力を強化するために再生可能エネルギー導入拡大に舵を切った。1990年代になって国際的な地位をある程度回復すると、当初、地球温暖化を懸念する環境保護派の社会的な動きだった再生可能エネルギーの導入拡大は、EUという政治組織にとって有力な国際的駆け引きの手段となった。

　こうした流れを受け、2000年代に入ると、ドイツはFITによる風力発電の大量導入の口火を切った。EU各国で大量の風力発電が導入されるようになると、エネルギー安全保障のために国際的に連系させていた送電網に新たな活用の機会が生まれた。広域での平準化と需給調整で再生可能エネルギーの大規模な変動調整ができるからだ。そうした認識のもと、2010年前後から広域送電網の整備が加速し、ドイツは、フランスやポーランドと電力を融通するようになり、風力発電による局所的な電力の変動をEU全域に分散できるようになった。EU統合に向けて統一市場をつくる機運の強かった欧州では、国際連系線と広域送電網構築のための各国の思惑が

一致していたことが、国を超えた取り組みを可能とした。

制度整備で加速する再生可能エネルギー導入

　EUは、電力システム（送配電網）への再生可能エネルギーの接続を自由化し、再生可能エネルギーの供給を拡大させる政策を取った。過去には、電力会社が独占し、電力自由化後も電力会社が固有の枠を維持していた送電線の権限を、接続権を委ねるという形で再生可能エネルギー事業者に開放したのである。それまでは、EUでも原子力、火力、水力の大規模発電所が建設されるたびに、必要な送電線が整備され容量が確保された。日本では今でも維持されている原子力や火力、水力の大規模発電所を中心とした、供給から需要への一方向的かつ閉鎖的な電力システムである。こうしたシステムでは、再生可能エネルギーを接続しようとしても、送電線の空き容量がなく、無理に接続すると接続枠を持っている大規模発電所から反発を受けることが多い。そこで、再生可能エネルギーを自由に接続できるように送電線を開放したのである。

　具体的には、発電事業者の要望に沿って接続時期を決定し、送電線に空きがない場合は発電出力を抑えて運用する傍で送電線を増強した。これにより、大半の風力発電プロジェクトが発電事業者の計画どおりに建設できるようになった。こうした仕組みは、イギリスで「コネクト＆マネージ」と呼ばれる制度として明確化され、再生可能エネルギーを積極的に導入していたデンマーク、ドイツなども同様の制度を採用した。

　その後、国際的な送電線連系は大陸内に留まらず、海を越えて延長され、今では大陸部、スカンジナビア半島、イギリスがひとつの電力ネットワークでつながれている。2010年に、10年先を見据えた長期送電整備計画（TYNDP）を策定し、送電網の強化を図ってきた成果といえる（図表2－1）。

出所：ENTSO-e, TYNDP2018-Completing the map

再生可能エネルギー導入が促したグリッドの技術革新

　EUは、広域送電網を整備するにあたり、送電線の広域運営の技術課題を解決するために、国際連系基盤、変電所の昇圧降圧などに関する技術開発を行ってきた。主要な技術課題と対応は以下のとおりである。

①電力損失の解消

　1つ目の技術課題は、長距離送電に伴う電力損失である。

　送電線は距離が長くなるほど、設備コストが膨らみ電力損失が大きくなる。EUで風力発電に適した強風域は、都市部などの大需要地から離れているため、需要地の近くに建設できる火力発電に比べて長距離の送電が必要となる。ドイツでは、大工業地帯のエッセン近くの河川流域に大規模石炭火力発電所が立地するが、風力発電の適地はバルト海沿岸部などの北方地域に位置する。洋上風力に至っては、海上まで送電線を伸ばす必要がある。送電線では、電線内の抵抗による磁界で過電流が生じて、中心部で電流が流れにくくなる表皮効果により、距離にもよるが、5 〜 10％程度の電力損失が発生する。再生可能エネルギーを大量導入するには、これをいかに小さくするかが課題となる。

　こうした課題を解消するために開発が進められたのが、交流・直流変換と直流送電の技術である。

　エジソンやテスラの論争を経て1900年頃に交流方式が定着したのは、交流方式のほうが電力損失が少ない高圧で低電流の送電を行いやすかったからである。コイルを用いた変圧設備は、鉄心に巻き付けた電線の数により簡単に電圧を調整・変換できるため、発電設備からの電圧を昇圧して高圧で長距離送電を行い、需要の近くで降圧して送電することが容易であるからだ。これに対して、直流方式は昇圧しにくいため、低圧高電流で送電しなくてはならず、電流の二乗に比例して電力損失が大きくなることが制約となった。同じ高圧であれば、表皮効果のある交流方式より直流方式のほうが電力損失は小さいものの、昇圧する際のデバイスの抵抗で電力損失を起こしてしまうのである。

　こうした交流と直流の関係が、交直あるいは直交変換器の改良で大きく変わった。スイスのABBなどが開発した自励式変換装置は、それまで使われていた他励式に比べて交流と直流の変換に伴う電力損失を3％から1％に低下させることができた。これにより、交流で昇圧したうえで、直流により長距離送電して交流に戻し、降圧することで電力損失を抑えることができるようになった（図表2－2）。

図表2-2　ABBと日立製作所の合弁会社の対象とする交直変換器と直流送電

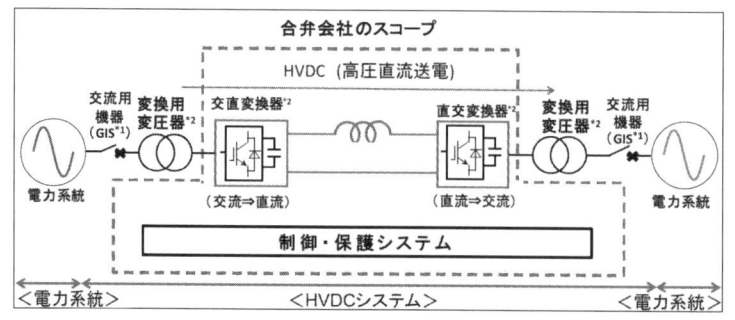

HVDC システムとは、二つの電力系統間等で送電するためのシステム。送電側において交流を直流に変換し，直流で電力を送電する。受電側では直流を交流に変換して電力を使用する。

*1：ガス絶縁開閉装置(GIS)
　発電所でつくられた電気を需要家(家庭や工場等)に送り届ける中継地点の変電所や開閉所に設置されており、回路の電流を開閉・遮断する遮断器、回路を電気的に隔離し電圧を開放する断路器などで構成される。これらの機器と線路を1つのガスタンクに収納し設置面積をコンパクトにしたもの。
*2：電力用パワーエレクトロニクス(変換用変圧器、交流・直流変換器など)
　パワー半導体などを用いた交流⇔直流変換器などにより、電力の流れの制御、電力品質の改善や系統安定化などを行う技術。高圧直流送電は、系統の交流電力を変換器で直流化して送電する。

出所：日立製作所

　高圧直流送電ケーブルの技術開発も進んだ。高圧の直流送電では、絶縁油を用いたOF（Oil Filled）ケーブルは保守管理が容易で、導体寸法の小さいXLPE（Cross Linked Polyethylene）ケーブルに替えられていった。交流送電では広く用いられてきたものの、絶縁体中に電荷が蓄積するなどの問題で直流には用いられなかったが、直流送電への高いニーズを受けて重電メーカー、電線メーカーが研究開発を進め問題を克服した 。

　風力発電を昇圧して送電線に接続し、電力損失を減らすための技術開発も進んでいる。ABBは、6万6000ボルトに昇圧する変圧器を開発しており、今後、洋上風力での利用が見込まれている。

②国際連系線の混雑緩和

　2つ目の技術課題は、国際連系線の混雑緩和である。

　EU全体で平準化、需給調整を図るためには、縦横無尽に電力をやり取りできる送電網が必要になる。しかし、長距離送電線は、建設に1キロあ

たり３億〜４億円のコストがかかるため、無尽蔵に増やす訳にはいかない。幸い欧州大陸には、EU各国をつなぐ送電線が整備されていたため、複数のルートで送電することが可能であった。そのうえで課題となったのは、国ごとだった送電運用をEU全体で行うための仕組みづくりである。どの送電線が空いているのか、空いている枠をどの事業者が使うのかを適切に管理するとともに、ひとつの国際連系線に送電を集中させない、混雑緩和のためのシステムが必要になる。

　混雑緩和に使われたのが国際連系線のルート割り当て技術である。EU内では、北欧、西欧、イベリア半島、東欧など各エリア内で常時電力が融通されており、国際連系線利用の透明性と公平性のために、送電権のオークションが義務付けられている。国際送電をしたい電力小売会社は、混雑緩和を踏まえて、値付けされた送電容量を市場から調達する。送電権そのものを購入する場合と、送電権の付いた電力を購入する場合があるが、いずれにしても電力小売会社と送電ルートを紐づけることで、送電会社は、国際連系線の混雑を管理することができる。送電会社は、数日前から電力

図表2-3　EUの地域送電管理共同体（RSCI）

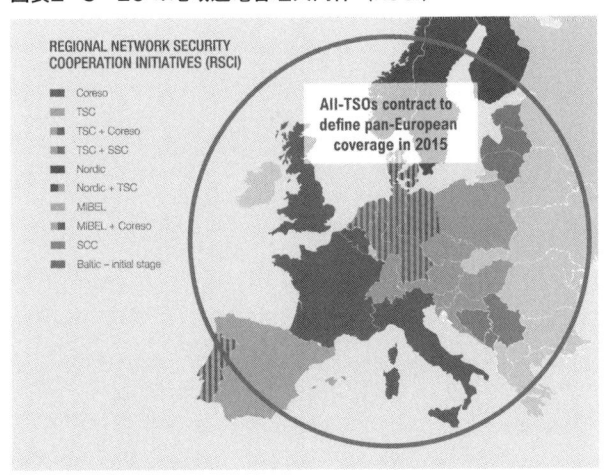

出所：EU広域送電運用機関

の潮流を予測して、常時混雑の発生を監視し、国際的な送電管理共同体を介して、各国の送電会社と状況を共有している（図表2-3）。

2018年10月に地域ごとに分散していた送電権のオークションを行う組織のJAO（Joint Allocation Office）が、各国送電会社の共同事業として統合され、EU全体の国際連系線を統合管理できるようになった。JAOには、EU内すべての送電会社が参加し、すべてのルートに関するオークションを単一のプラットフォームで取り仕切っている。こうしてEU全体で効率的に送電ルートを割り当てるための仕組みが出来上がった。

③再生可能エネルギーの変動調整

3つ目の技術課題は、風力発電の変動調整である。

風力発電による発電量は風況により時々刻々と変動する。電力システムを維持するためには、同じように変動する需要に対して、どの程度送電し、不足する電力をどのように補完するかを考える必要がある。そのために、送電会社は、電力系統内の風力発電の発電量を早い段階で把握し、国際連系線での融通も見込んで送電を計画しなければならない。

風力発電の変動で不足する部分は、火力発電や水力発電で補わなければならないが、実際の発電量は、当日のその瞬間までわからない。30分前になって風況が想定と異なることも十分あり得る。1分で急に風況が変わることはないにしても、15～30分程度の時間で風況が大きく変わり、発電量が急変することは見込んでおかないといけない。

こうした事態に対処するために、風力発電の予測技術が進化した。ドイツでは、4大送電会社が送電調整の最終責任を担い、EU全域に広がる風力発電と各地の天候を把握して、風況、発電量を予測し、変動調整に備えている。Amprion（アンプリオン）、50Hertz（フィフティー・ハーツ）、TenneT（テネット）、TransnetBW（トランスネット・ベー・ヴェー）の4大送電会社(TSO)が、カッセル大学の再生可能エネルギー研究所(ISET)の開発した風力発電マネジメントシステム（WPMS）により、風況発電

量を予測して電力小売会社に情報提供している。最近、Google が機械学習アルゴリズムを使って発電の36時間前に発電量を予測するシステムを構築するといった動きが出るなど、予測精度は今後ますます高まると考えられる。

　発電量予測に加えて行っているのは、市場を用いた再生可能エネルギーの変動調整である。伝統的な電力システムでは、水力発電や石炭火力発電、原子力発電を一定の出力を保って運用し、天然ガス火力を需要に合わせて出力調整するのが一般的だった。近年では、すべての発電施設が経済的なモチベーションで短時間の変動に対応した電力供給を行うための市場（バランシング市場）が運営されている。これにより、多様な発電事業者がオープンな市場で変動調整に参加できるようになった（図表2－4）。

　EU では、各国の電力市場の統合に合わせて需給マネジメントシステムの仕様も統一されてきた。現在の日本と同じように、かつては、ドイツでも需給マネジメントシステムは各電力会社が独自に開発していたが、1998年の電力自由化以降、8大電力会社が再編統合されたことで、共通化を図

図表2-4　調整力の分類

変動対応方法	EU	日本（現状）	
		既存	今後
ガバナーフリー（数秒）	Frequency Control Reserve 市場	瞬動予備力	一次予備力（主にガバナーフリー）
自動運転制御（1分以内）		運転予備力	
部分負荷運転のフル稼働（数秒～10分）	Automatic Frequency Recovery Reserve 市場		二次予備力（主に LFC）
待機水力・ガス火力稼働（10分以内）	Manual Frequency Recovery Reserve 市場		三次予備力
待機火力稼働など（30分以内）	Recovery Reserve 市場	待機予備力	

出所：経済産業省資料などを参考に筆者作成

りやすいソフトウェアベンダーのパッケージソフトが採用されるようになった。発送電分離後の4大送電会社は、一部でシーメンスなどのソフトウェアを使っているのを除き、ベルリンに本社を置くPSI社の需給マネジメントシステムを用いている 。EU電力指令で詳細なルールが定められたため、ソフトウェアの標準化が進み、EU全体の広域運用は、日本国内のエリア間の運用に比べても円滑になっている。

広域送電網の限界

　上述したような取り組みでEUは再生可能エネルギーの先進地となったが、広域送電網の機能拡張には、次のようなハードルが立ちはだかっている。

　1つ目は、居住エリアの高圧直流送電線の建設に対する住民の反対運動である。

　ドイツは、南部の工業地帯に大きなエネルギー需要があるうえ、南部の原発が閉鎖されたため、北部の風力発電地帯から電力を送電するための送電線を建設しなくてはならない。SuedLink（ズードリンク）送電線は、北部の風力発電地帯のシュレースヴィヒ＝ホルシュタイン州から南部の人口密集地帯のバイエルン州とバーデン・ヴュルテンベルク州を高圧直流送電でつないでいる。SuedLinkは、居住エリアを通るため、一部の住民や市民団体が鳥の衝突、景観破壊、人体への被害を懸念して建設に反対した。その後、地中化の方針が決まったが、地中化しても周辺土壌への影響が懸念されるとの理由で合意は得られず、計画は遅延を余儀なくされている。2018年8月に経済・エネルギー省のペーター・アルトマイヤー大臣自身が記者会見を開き、送電線建設の遅延を認め、改めて反対する人達と話し合いの場を持つと表明した。

　送電線建設のために広大な地域で地権者の了解を取り、環境に配慮し住民に受け入れてもらうのは容易でない。地中化はそのための手段だが、地上の送電線であれば1キロあたり3億〜4億円の建設単価が10億円以上

に跳ね上がる。仮に、3600キロの送電線すべてを地中化すると、ただでさえ1兆円を超えるとされているコストが3.7兆円まで上昇するとされる。

　再生可能エネルギーのシェア拡大を至上主義とするドイツは、洋上を含め、発電量を最大化できる好風況地点に風力発電を可能な限り建設する政策を取っている。発電事業の経済性は風力発電の立地で決まるので、発電事業者は需要地との距離を気にしない。結果として、風力発電の発電量と稼働率を最大化できる場所、特に洋上での風力発電が増え、遠距離送電、海底送電が必要となり、送電コストが大幅に上昇している。発電事業者が送電コストを負担しない仕組みが、需要から離れた風況の良い地点での風力発電を後押しし、送電線建設コストを肥大化させ電気料金を押し上げている（図表2-5）。

　2つ目は、ドイツから国外に送られた電気が再び国内に還流する迂回潮流（ループフロー）の問題である。

図表2-5　ドイツの家庭用電気料金の推移

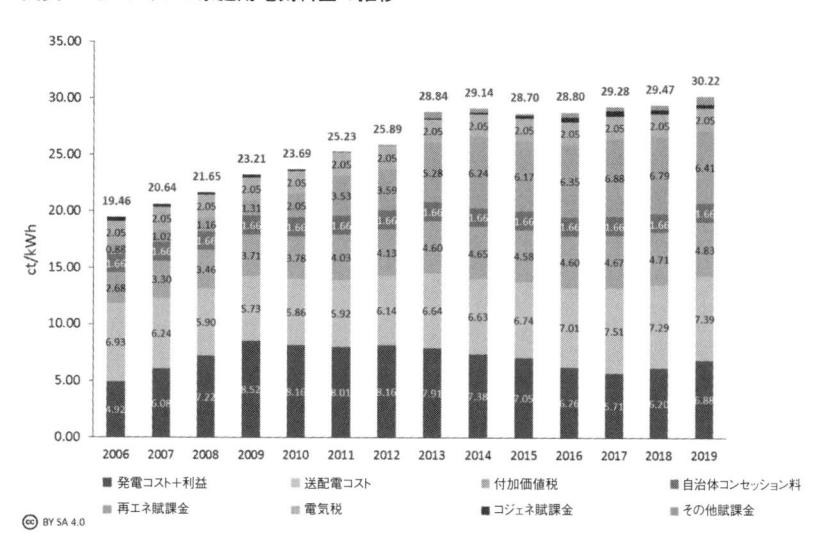

出所：Clean Energy Wire

ドイツは周辺国との間で国際連系線を整備したため、電力の輸出入が容易である。一方で、上述したように、国内の南北の送電線の整備が遅れているため、国内の送電が滞り、北部の風力発電の電力がオランダなどを迂回してドイツ南部の工業地帯に流れ込んでいる。迂回ルートのオランダなどでは、国内送電に支障が出て、停電などのトラブルが発生する可能性が指摘されている。技術・経済的な視点だけで最適な送電ルートを選択すると、他国の国内送電網の事情にかまわず送電が行われてしまうため、国内送電を優先するなどの仕組みが必要である。

　ドイツでは、オランダを経由した迂回ルートの利用が限界に近づき、風力発電が停止される事態が頻発している。EUの電力システムでは、送電の制約により発電ができない場合でも、発電事業者には電力販売を行った場合と同じ料金が支払われる。寒波が襲った2017年年初には、風力発電の発電量が急増して送電網に出力できなくなったため、送電会社側に14億ユーロ（2017年平均為替レート1ユーロ126.7円換算で1774億円）という多額の損失が発生し、最終的には需要家に送電料金として転嫁された。再生可能エネルギーの調整コストは膨らむ一方である。

　同じくループフローに悩まされるポーランドやチェコでも、ドイツの風力発電に対する不満は強い。ポーランドは石炭産出国で炭鉱労働者を抱え、石炭火力発電の廃止を進めるEUの方針へも国内の反対が根強く、風力発電推進、石炭火力撤廃の方針についてもEUは一枚岩ではない。

　3つ目は、風力発電の変動調整の技術的な限界である。

　広域送電網で天候や時間帯が異なる各地に風力発電をつなぐことで、統計的な分散効果により、変動をある程度平準化できる。しかし、需要に合わせて都合よく調整できるとは限らないし、EUでは、冬場に欧州北部や洋上に風力発電が集中する。ドイツが風力発電を拡大できるのは、広域送電網による平準化効果よりフランスやポーランドに余剰電力を放出したり、電力不足時には原子力発電や石炭火力発電から電力を融通してもらうことによる面が大きい。風力発電の平準化に寄与できる南ヨーロッパの風

力発電が大幅に増えることはないし、将来的には南ヨーロッパで太陽光発電が大幅に増加したり、ポーランドなどで風力発電が増加することも考えられる。そうなると、平準化による変動の吸収は一層困難になる。

　風力発電で他の安定電源を、どの程度代替できるかを示す指標である容量クレジットの研究によれば、風力発電は、最大でも設備容量の30％強しか安定供給源としてカウントできないとされる。風力発電のシェアが高い場合は、その比率が20％以下に落ちる。こうした不安定な電源を調整するのは、再生可能エネルギーの電力が不足する場合のバックアップの発電設備だが、待機する時間が大半となるため、経済性を考えると無制限に増やすことはできない。蓄電池による吸収も経済的には限界がある。最後は、自然に頼る風力発電を平準化するためには需要を制限するしかないという事態に行き当たる。

需要サイドで育つグリッドの調整技術

　従来の電力システムでは、高圧の大規模発電所で作られた電気が、段階的に電圧を下げ、中低圧の需要に送られてきた。こうした供給サイド主導だった電力システムで、需要サイドに大きな変化が起きている。発電設備や蓄電池が置かれ、需要同士で電力を融通したり、需要サイドで需給を調整するシステムが普及し始めているのだ。

　こうした需要サイドの電力システムの革新の背景には、もちろん、小型発電機、蓄電池、などのオンサイト系の技術もあるが、最も影響が大きいのはパワー半導体の進化である。パワー半導体は、交流と直流の変換、周波数変換、エネルギー関連設備・機器の制御、昇圧・降圧などエネルギーの調整に使われる半導体で、電力システムの中核的な構成要素である。

　パワー半導体は、産業用機器、鉄道、自動車、建機、エレベータといった動力分野、高周波帯域の第5世代移動通信システム（5G）向けなどの通信分野、自家用発電、データセンターの無停電電源装置（UPS）、電力消費量の大きな空調制御など、幅広い分野で使われている（図表2－6）。

図表2−6　パワーエレクトロニクスの応用分野

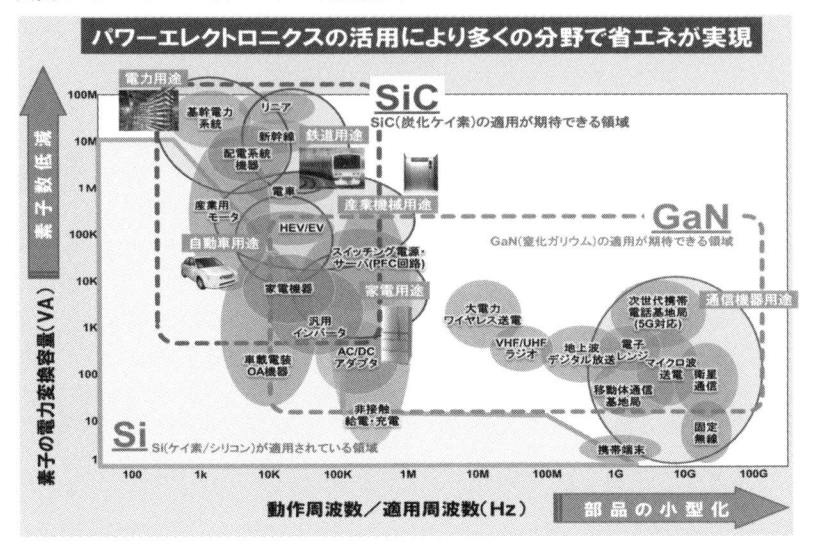

出所：経済産業省

　高電圧・大電流が必要となる需要サイドの電力システムでは、パワー半導体が電力損失を抑えたり、発電設備や蓄電池から多くの需要に電力を送るといった制御機能を司る。パワー半導体の性能が上がるほど、電力システムの制動力や効率性が向上する。

　電動化と自動制御で技術体系の大転換期を迎えている自動車分野では、パワー半導体の需要が増大している。パワー半導体の制御の対象となる機器が増えたうえ、高電圧・大電流化したことで、省エネやコンパクト化のニーズが拡大しているのである。パワー半導体は、EVに不可欠な技術だが、トヨタは、ハイブリッド車（HV）、プラグインハイブリッド車（PHV）、燃料電池車（FCV）向けにも、発電機、蓄電池（バッテリー）、モーターをコントロールするパワー半導体から成るパワーコントロールユニット（PCU）を開発している（図表2−7）。バッテリーからの直流電力をコンバーターで昇圧し、インバーターで交流電力にしてモーター動力を制御

図表2-7　昇圧とモーター制御を行うパワーコントロールユニット（PCU）

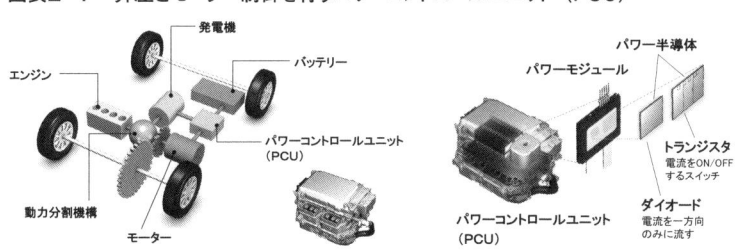

出所：トヨタ自動車「高効率 SiC パワー半導体」

　する際、コンバーターとインバーターを小型かつ高電圧・大電流に耐えられるように、一体型のパッケージにしたのがPCUである。

　近年パワー半導体の性能が大きく向上した理由のひとつは、半導体材料の進化である。パワー半導体は、他の半導体と同様、安価なシリコン（Si）によってつくられてきたが、2000年頃から材料の技術開発が進み、シリコンカーバイド（SiC）や窒化ガリウム（GaN）を使った電力損失の小さなパワー半導体が開発された。Siに比べて抵抗値が10分の1で、最大で9割近い省エネを実現できるSiCが開発されたことが、設備の高電圧・大電流化の実現に貢献した。デバイスのサイズが小さいうえ、放熱が少なく冷却装置を減らせるため、機器、設備が小型化する一方、高電圧・大電流の高速のオン・オフや電力負荷の大きい設備・機器の緻密な制御が可能となった。

　ハイブリッド車の普及でブレーキの回生電力の蓄電システムが開発されたことがEVの普及を後押ししているが、交流を直流に変換した後にコンバーターで昇圧してEVに充電する急速充電器にも、SiCのパワー半導体が使われている。直流での変圧が容易になったことで、500Vといった電圧レベルの急速充電器を利用できるようになった。

　鉄道分野でも架線から集電した電気やブレーキから回生された電気を蓄電し、走行に振り向けるシステムが開発されている。蓄電容量は小さいが、充電速度の速い電気二重層キャパシタ（EDLC）を組み込んだシステムも

開発されている。いずれも、パワー半導体の進化によって普及したシステムである。電化されていない地域を走る車両や次世代型路面電車システム（LRT）では、蓄電池を使ったハイブリッド車両が使われている。

産業機械分野でも、産業用ロボットのモーター制御に使われるインバーターやレーザー加工機のパルス発生器などで、高電圧・大電流に耐えられ、頻繁な信号変換が可能な絶縁ゲート型バイポーラトランジスタ（IGBT）といったパワー半導体が用いられている。産業用機械は溶接、ハンドリングが主な用途だったが、組み立て、加工、塗装用など、大型化、複雑化が進んでおり、パワー半導体の利用範囲が広がっている。

電力の停止が金融システムなどに大きな障害を引き起こすデータセンター、医療機器の停止を避けたい医療施設では、電力供給にUPSを組み込むことが必須である。UPSは、コンバーターで交流から直流に変換し、蓄電したうえで、再度インバーターにより直流から交流に変換して需要設備に送電する。このコンバーターにはIGBTが使用されている。近年では、SiCを用いたIGBTの品質改良が進み、交流と直流の2度の変換による電力損失が低減されている。

自動化や高度制御が進む家電でもパワー半導体の利用が進む。乾燥機付き全自動洗濯機では、マンションで夜中にも使える低振動の稼働、洗濯物の量に合わせた回転ドラムの制御、乾燥時、温度の制御を行う際にIGBTが用いられている。また、エアコン室外機の中にあるコンプレッサーの冷媒圧縮用モーターを制御するインバーター、食品や飲み物の種類や詰め込み具合に関わらず温度を安定させる冷蔵庫のモーターを制御するインバーターにも、高速処理ができる高電圧・大電流を扱えるユニポーラー型トランジスタのパワーMOSFETなどが用いられている。

このように、パワー半導体と蓄電システムは、産業や業務、家庭、自動車、鉄道、通信など幅広い分野で用いられ、我々の生活や産業活動を支えている。半導体や蓄電池の強みは、共通した技術が幅広い市場で使われるため巨額の開発投資が行われ、性能アップとコスト低下のスピードが伝統

的な電力システムの設備・機器に比べてはるかに速いことだ。今後、これ
までの電力業界のイメージを超えたスピードで、より高圧、大容量、高度
制御の分野に導入されていくだろう。

燃料電池を含めた電源ユニット化

　トヨタ自動車は、次世代自動車の本命はFCVとしてきた。EVが増えて
いくことは間違いないが、すべてのガソリン車がEVに代替されることは
ない。蓄電池の重量当たりのエネルギー密度は、ガソリンの20〜30分の
1に過ぎないため、長距離の移動には、大重量の電池を搭載しなくてはな
らない。また、充電に長時間を要するため、ガソリン車を代替するために
は、ガソリンスタンドよりはるかに多い数の蓄電ステーションを整備しな
いといけない。トヨタ自動車は、燃料電池と連携して発電出力を制御する
PCUを開発している。これにより自動車走行に伴う変動の激しい電力需
要に対応して発電機器を調整できる制御機能を小さな空間にパッケージ化
した（図表2−8）。燃料電池という発電機能、蓄電池という供給調整機能、

図2−8　HV から EV、PHV、FCV などへ PCU の応用

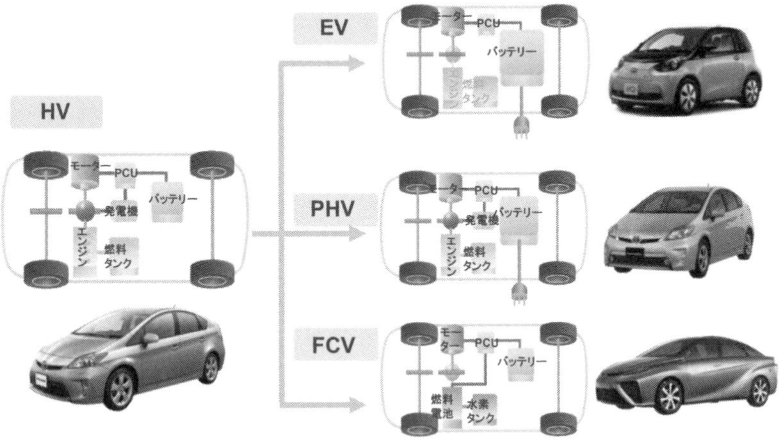

出所：トヨタ自動車「高効率 SiC パワー半導体」

モーターという需要、そしてPCUという発電と蓄電を含んだ需給制御機能を電源ユニット化したのである。

　発電、蓄電、需要、PCUから構成される自動車の電源ユニットは、電力の需要サイドのシステムでも基本的な構成要素となる。住宅であれば、太陽光発電や燃料電池が発電機能、蓄電池が供給調整機能である。PCUは、トヨタ自動車が使用している名称だが、太陽光発電の直流電力を昇圧し、交流に変換するコンバーター、燃料電池の稼働・停止の制御ソフト、蓄電池への充電や放電を制御するパワーコンディショナー（PCS）は、PCUの制御機能と同じような働きをする。ほかにも、エアコン・冷蔵庫の需要制御機能となるようなインバーターもPCUの一種といえる。

自動車と住宅の融合

　PCUを通して発電、蓄電、需要がつながれ、自律的で効率的なエネルギーの供給と消費を実現しているのがスマートハウスである（図表2－9）。住宅内では、太陽光発電の直流電力を変圧できるコンディショナー、その電力を貯める蓄電池、交流変換にして家電とつなぐ小型のパワーコンディショナーが開発され、SiCやGaNの利用で省エネ化も進んでいる。太陽光発電の直流電力を直接利用できる直流エアコンなども登場している。スマートハウスでは、ホームエネルギーマネジメントシステム（HEMS）により、住宅内の発電量、蓄電池の残量、エネルギー消費を常時モニタリングできる。快適性を保ちつつエネルギー消費を最小化する運用を可能にし、天候、電気代やガス代、サービスの状況に合わせて、発電設備、蓄電設備、家電機器などの買い替え、電気やガスの調達もアドバイスしてくれる。発電や蓄電の設備を備えているので、災害時に電力供給がなくても、数日間は最低限の電力を確保できるというメリットもある。

　2019年5月にトヨタ自動車は、パナソニックと住宅事業を統合することを発表した。トヨタのモビリティサービスとパナソニックのくらしサービスを融合し、街全体で新たな価値を生み出す。パナソニックは、スマー

図表2-9　パナソニックのスマートハウス

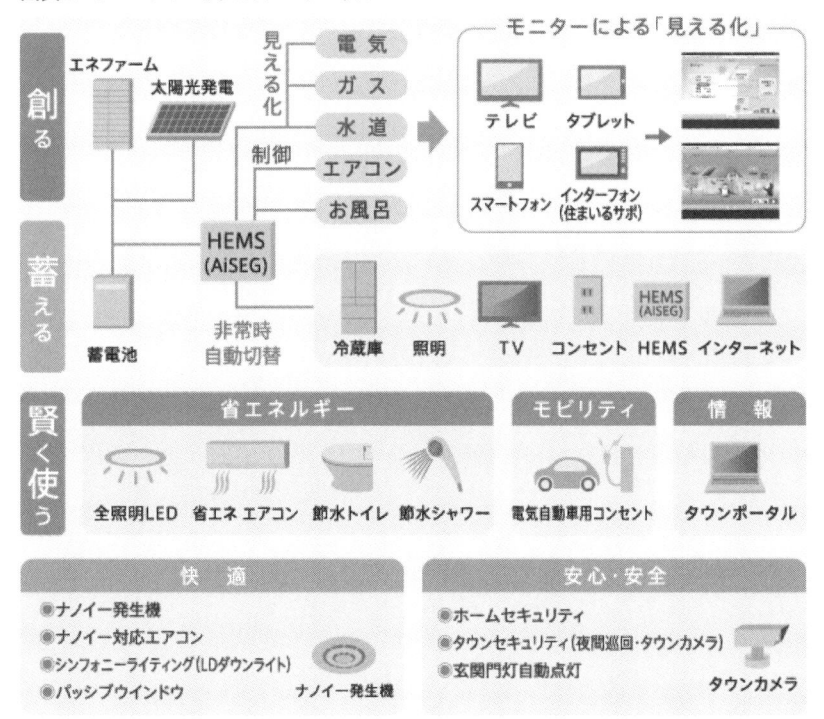

出所：パナソニック資料から一部抽出

トハウスや藤沢サステナブルスマートタウンでの実績を活かし、トヨタ自動車は、モビリティサービス・プラットフォームを活用し、移動も含めた生活サービスの提供していく予定である。

　車と公共交通などの移動手段を情報技術（IT）でつなぐモビリティ・アズ・ア・サービス（MaaS）への言及もあり、街づくりをキーワードに両社で車と住宅を一体化していく意思を示している。トヨタ自動車とパナソニックは、2019年1月に車載用の角型蓄電池の開発でも共同会社を設立している。リチウムイオン電池のエネルギー密度を高めて蓄電池の小規模大容量化を実現すると同時に、爆発しにくい安全性の高い固体電解質の蓄

電池（全固定電池）も開発する考えだ。今後、車と家電のエネルギーとデータが共通され、新しい生活の価値が生まれるかもしれない。そうなると、自動車向けに開発された技術が住宅向けに応用されることになり、全世界で400兆円といわれる自動車産業の技術開発力が性能面でもコスト面でも電力分野に革新的な影響を与えることになる。

需要サイドの変動調整の推進力

このように需要サイドの技術革新により、再生可能エネルギーを需要サイドに受け入れ、変動調整するための素地がつくられる可能性が出てきた。需要サイドでの変動調整には3つのアプローチがある。

1つ目は、需要家が自らの需要を調整することである。

需要家が自らの需要の調整に取り組む動機づくりとして価格インセンティブがある。時間帯ごとに電力価格を変化させ、需要家が電力を使う時間帯を誘導するダイナミックプライシングである。ただし、電力分野でのダイナミックプライシングは、これまで大きな成果を挙げたとはいえない。例えば、工場運営などでは、エネルギーコストが総費用に占める割合はわずかで、積極的に取り組む動機になりにくいからと考えられる。

需要家が低炭素化やセキュリティ向上の観点から、自己責任で需要を調整することも考えられる。例えば、工場が低炭素やエネルギーセキュリティの観点から太陽光発電や蓄電池などからなるシステムを導入し、自ら目標を定め需要を調整することなどだ。

2つ目は、コミュニティ内で需要家同士が調整し合うことである。

需要サイドの技術革新は、複数の需要家からなるコミュニティに拡大している（図表2－10）。ひとりの需要家だけでは需要調整に限りがあるが、複数の需要家で協力すれば調整の幅が広がる。目に見える範囲のコミュニティには日常的に密接なつながりがあるから、コミュニティづくりや地域貢献の観点で調整への参加を求めることができる。コミュニティでの協働に一定の経済インセンティブを付与すれば、需要家の具体的なアクション

図表2−10　広域と需要からコミュニティに焦点が移るグリッドの変革

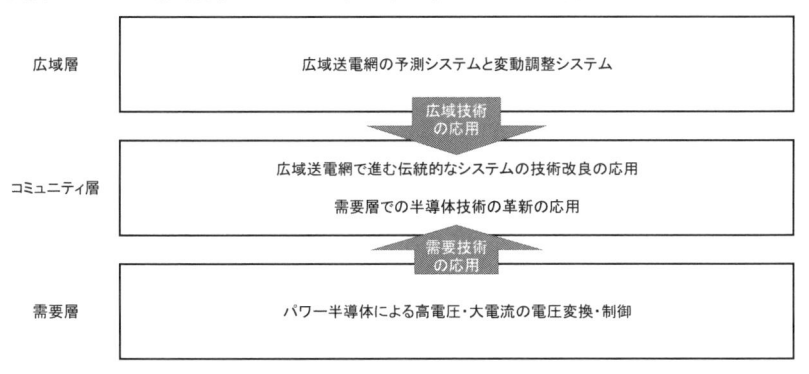

出所：筆者作成

を後押ししやすい。地域通貨などコミュニティ特有のインセンティブ付けも可能だ。電力市場が自由化されて、地域エネルギー会社の設立が相次いでいるが、コミュニティづくりに力を入れれば、地域での再生可能エネルギーの導入拡大と自律的な調整のための活動への参加を促進できるかもしれない。

　3つ目は、供給者の側で変動調整を行うことである。

　まず、再生可能エネルギーの変動を蓄電池や熱電併給システム（コージェネレーション）で調整したうえで、安定した電源として利用する。需要側システムの中に、多くの分散型発電や蓄電池、あるいは再生可能エネルギーがある場合は、これらを統合管理して、安定したひとつの発電所のように運営するバーチャルパワープラント（VPP）の仕組みがある。VPPは、一般に広域で運用することを想定しており、需要サイドにある再生可能エネルギーの変動調整は視野に入っていない。これを、コミュニティを調整対象とすることで、その中に設置された小型の発電設備や蓄電池、再生可能エネルギーを統合的に運用することができる。広域ならではの平準化機能はないが、需要調整と連動できるというメリットがある。

コミュニティレベルでの融通システム

　六本木エネルギーサービスは、2003年に開業した六本木ヒルズで、東京電力パワーグリッドの6万6000ボルトの配電網から受電しつつ、4万kWのコージェネレーション（ガスエンジン発電容量5750kWを5台、ガスタービン発電容量4000kWを3台）と6600ボルトの自営線によりオフィス棟、住宅等に電力と蒸気吸収式冷凍機による熱を供給している（図表2-11）。エリア内で自立できるだけの発電容量を持っているため、東日本大震災後の計画停電でも滞りなく仕事や生活を続けることができた。

　六本木ヒルズでは、昼間の電力需要の大きいオフィス棟と夜や朝方の電

図表2-11　六本木ヒルズのマイクログリッド

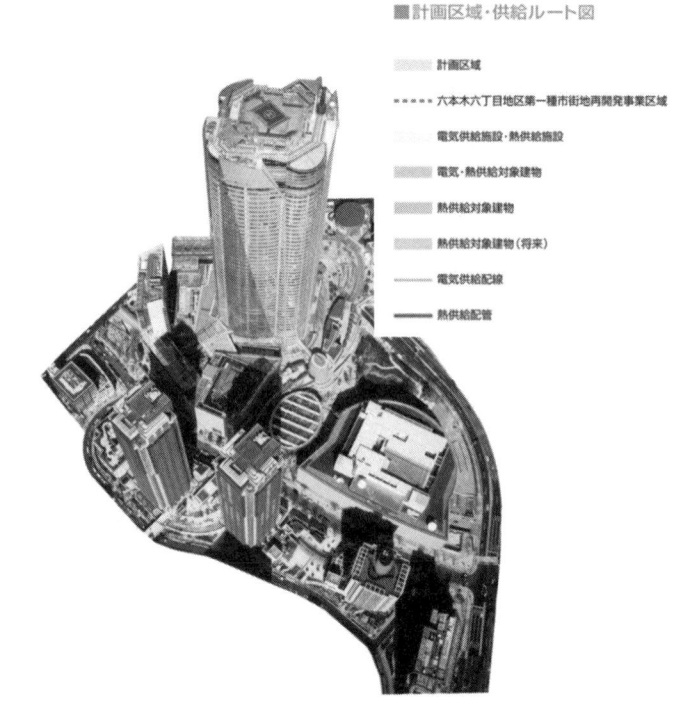

力需要が大きい住居棟があることで、異なる需要特性を持つ需要家が補完し合って電力需要を安定させることができる。また、2013年にはビルオーナーである森ビルとテナント企業が協働し、電力の需給のひっ迫を想定し、ピーク需要の際のテナントの電力使用を抑制するデマンドレスポンスの実証を行った。森ビルがテナント企業との密接な関係の下に取り組みの趣旨を説明したうえで、空調の温度を調整して電力の需要を抑制したのである。六本木ヒルズのオフィスには、データサーバーを持つ金融機関など事業継続のニーズが高い企業が入居しているため、災害時に電力供給を継続できる能力がある。東日本大震災後の計画停電の際には、緊急対応ということで最大5000kWを節電して電力系統へ供給した。このときの経験をもとに運用方法を再構築し、電力系統への電力供給を計画的に行える水準まで、その能力を高めたのである。

　2016年にはEVの充電器239台を設置し、特性の異なる需要を加えた。EVは、居住者の利便性を高めるだけでなく、電力システムのバリエーションを増やす手段として分散型エネルギーシステムのパフォーマンスを高めることができる。

　六本木ヒルズは、燃料電池など需要サイドの技術を取り込むことで、電力システムとしてのさらなる進化を図ることが可能だ。六本木ヒルズの地下には、ガスエンジン発電、ガスタービン発電を格納する広さ１万平方メートル、高さ10メートル近い巨大な地下空間があるが、設置面積10平方メートルほどの100kW級燃料電池なら数百台は優に設置できる。さらに地下駐車場の充電ステーションを拡充してEVの利用環境を充実することもできる。蓄電池を設置して直流同士のコンバーターで昇圧し、急速充電すればEV利用者へのサービスになる。そのうえで定置型蓄電池と車載用蓄電池のデータを集約して管理すれば、電力システムとしての需給調整力の幅が広がるし、EV利用者の安心感も高まる。また、太陽光発電の効率が上がって発電量が増えれば、電力システムの自律性が高まる。このように進化する技術を視野に入れれば、エネルギー自立型複合施設としての機

能はますます高まるはずだ。

　2018年4月に日本電信電話（NTT）と東京電力は、既存の配電網と協調した直流のマイクログリッドを整備すると発表した。全国各地にあるNTTの通信ビルに設置されている蓄電池や非常用発電から自営線により周辺のビル、データセンター、商業施設に直接電力を送る仕組みだ（図表2 - 12）。NTTの通信基地局などは、災害時の通信機能を支えるために蓄電池が設置されている。そこで、東京電力と協力して、東京電力管内の1200の基地局に備えられている鉛蓄電池を反応性に優れたリチウムイオン電池に代え、変動調整能力を高めようという計画である。
　変動調整については、NTTが開発した「地域直流送電」技術が使われる。配電網から送られてきた200Vの電力を交直変換器で直流にし、IGBTパワー半導体により400Vに昇圧したうえで、蓄電池からの直流電力と一体にしてデータセンターのサーバーに送るという技術だ（図表2 - 13）。一般の電力システムでは、無停電電源装置（UPS）が蓄電池の直流電力を

図表2- 12　直流送電によるマイクログリッド

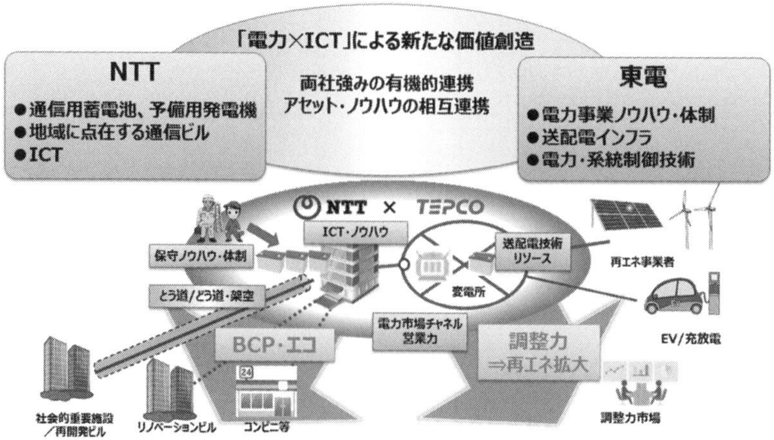

出所：NTT

図表2－13　直流地域送電の構造

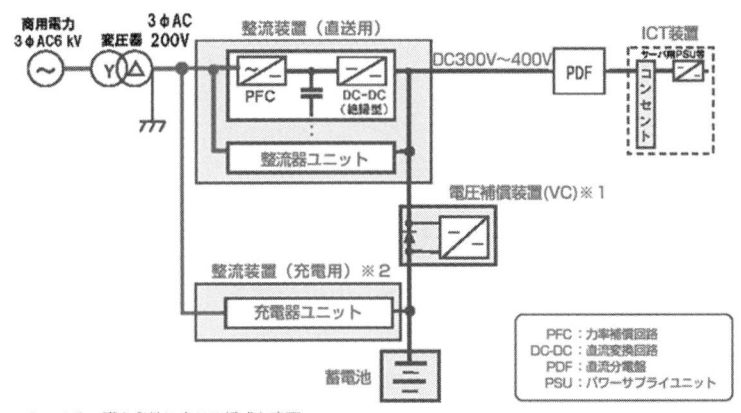

※1、※2：導入条件に応じて構成を変更

出所：NEDO

図表2－14　データセンターへの送付のアプローチの比較

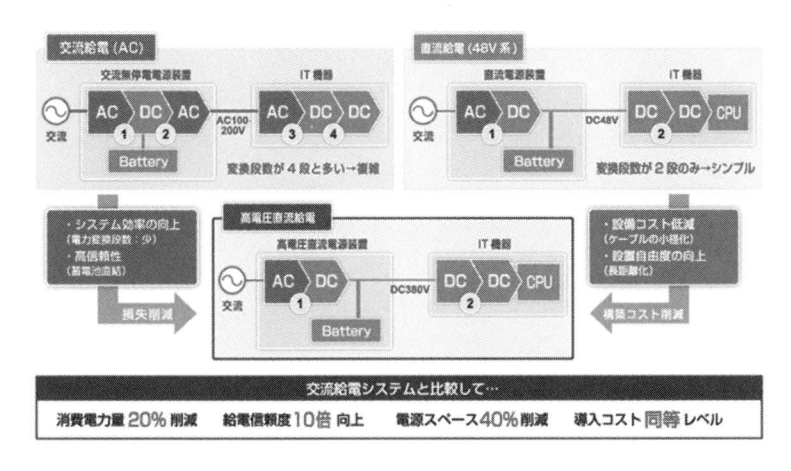

出所：NEDO

交流にして配電網に送電し、再度直流に戻すため、直流−交流−直流の変換プロセスがない分だけ電力損失を減らせる。同時に、地域内の自営線を使うため、災害時にも地域でエネルギーを賄うことができる（図表2−14）。

　自営線でビルをつなぎ、電力を融通する仕組みは、三井不動産が2006年に開発した柏の葉スマートシティの商業施設街区で取り入れられた。発電容量500kWの太陽光発電、出力1800kWの蓄電池を設置した商業施設と、発電容量220kWの太陽光発電、出力500kWの蓄電池を設置したオフィス・ホテル複合施設の間で電力を融通し、非常時には住宅街へ太陽光発電の電力を送電できるという仕組みだ（図表2−15）。NTTと東京電力のシステムは、これを直流送電で行うことで効率を高めるものといえる。複数の施

図表2−15　商業施設とオフィス・ホテルの自営線電力融通

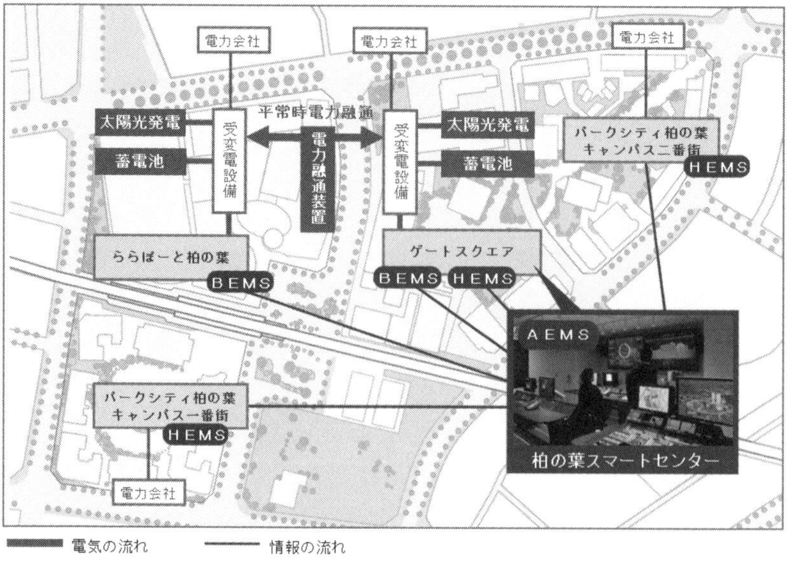

電気の流れ　　　情報の流れ

出所：三井不動産

設を段階的に結んでいけば、需要サイドで太陽光発電を効率的に平準化することもできる。

　三井不動産と東京ガスが進めている日本橋のスマートシティでは、既存の街区一体に電力系統とは別の自営線網を引くことに成功している。日本橋室町三井タワーの地下にコージェネレーションを設置し、地下通路に新たに自営線を張り巡らせてオフィスビルや商業施設に電力を供給する。供給対象は、三井本館や三越日本橋本店本館といった重要文化財を含む約20棟、延床面積約100万平方メートル、需要側の電力融通システムとしてはかつてない規模を誇り、2019年4月から運用を開始した。伝統ある日本橋地区は、エネルギー効率が高く環境性に優れ、防災力を備えた最先端のエネルギーインフラを備えた街に生まれ変わろうとしている。

　三井不動産と東京ガスは、清水建設と共同で豊洲でも2020年度の完成を目指したスマートシティの建設を進めている。東京駅から4キロ圏内の立地で、東京臨海新交通臨海線「ゆりかもめ」の市場前駅に隣接し、首都高速道路の豊洲インターチェンジに近接するという利便性を活かし、オフィス棟とホテル棟の間に、高速バスや路線バスが発着可能な交通広場を整備する方針である。交流・にぎわい施設や歩行者ネットワークなども整備され、エネルギーと交通双方の特徴がある街づくりが進んでいる。

　複数の施設からなるコミュニティ向けのエネルギーシステムは、三井不動産と東京ガスの主導で着実に進んでいる。柏の葉のプロジェクトを起点に、三井不動産70%、東京ガス30%の出資による合弁会社三井不動産TGスマートエナジー株式会社を設立し、都心の防災力を高めた日本橋地区でのエネルギーサービス、豊洲などでの交通とエネルギーで特徴を出したプロジェクトを展開する。今後は、他のデベロッパーやエネルギー会社の取り組みに広がる可能性もある。

　マンションでは、燃料電池を備えた住戸を結び、マンション内の蓄電池

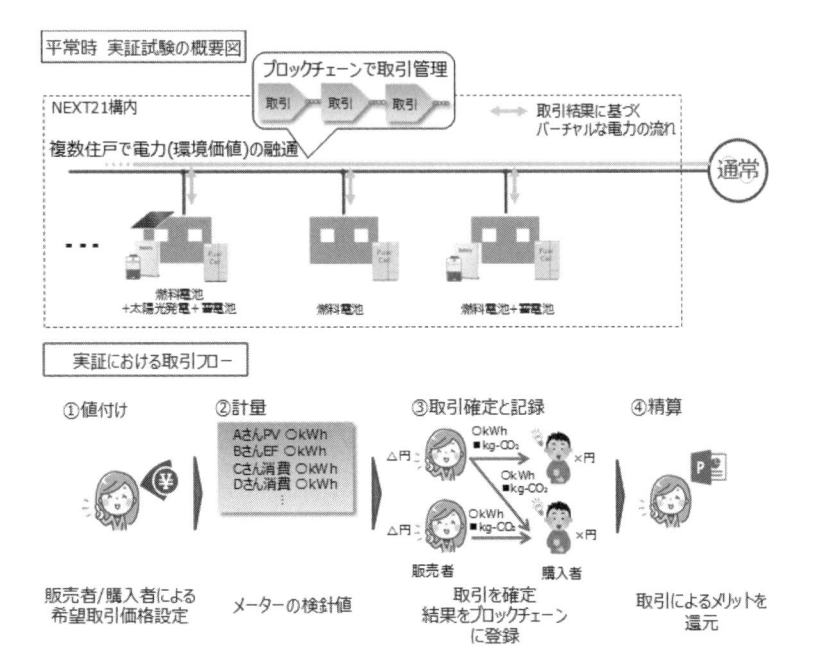

出所：大阪ガス

　と連携して、マイクログリッドを形成する試みが行われている。大阪ガス
は、自社の実証用マンションNEXT21の住戸間で電力を融通する仕組み
を実証している（図表2−16）。この実証で大阪ガスは、分散電源などの
制御用ソフトウェア、蓄電池の制御に強みを持ち、アメリカ、オーストラ
リアで多数の蓄電池を用いた変動調整サービスの実績があるアメリカのベ
ンチャー企業Geliと協働し、蓄電池を用いた需要家間の電力融通技術を検
証している。
　こうしたマンションでの仕組みは、戸建て住宅の街区にも適用できる。
積水ハウスは、宮城県で東松島防災スマートタウンを建設し、470kWの
太陽光発電、500kWの非常用バイオディーゼル発電、500kWhの蓄電池を
設置し、自営線による電力供給を行っている。

　東松島の取り組みは、東日本大震災の復興の事例ともいえるが、2017年には、パナホームが太陽光発電を自営線で住宅街に取り入れる仕組みを兵庫県芦屋市の住宅街で取り入れると発表した。117戸の大規模戸建て住宅街で蓄電池管理のパナソニック、電力供給のエナリスと協働する。各住戸にパナソニック製の太陽光発電4.6kWと蓄電池11.2kWhを設置し、街区を統括管理するVPPシステムにより太陽光発電の変動調整を行い、街区の電力の80%以上を太陽光発電で賄う計画である。藤沢サステナブルタウンは、スマートハウスを集積させてエネルギーのセキュリティを高めたが、将来的には、街全体の地域エネルギーマネジメントシステム（CEMS）に取り組む予定である。太陽光発電、燃料電池、蓄電池を設置し、住戸間で電力を融通するシステムは住宅地開発でも着実に進んでいる。

　工業団地での自営線を介した電力も供給が行われている。宮城県大衡村では、トヨタ自動車・東日本工場のコージェネレーションや太陽光発電の電力を近隣のトヨタ紡織の工場、トヨタ東日本学園、パプリカ栽培のベジ・ドリーム栗原、スカイラークなどに送る電力システムが整備されている。災害時には、東北電力の電力系統を利用して災害拠点となる大衡村役場に電力を供給できる仕組みで、50kWhの車載用蓄電池のリユース製品、給電可能なPHV10台以上を蓄電と非常時の給電に使うことができる。
　大学のキャンパスも需要側の電力調整を行いやすいサイトだ。同一の敷地内で多くの建物を接続する自営線網を敷き、一元的に再生可能エネルギーの導入と変動調整を行うことができるからだ。愛知工業大学は、キャンパス内で太陽光発電、ディーゼル発電機、蓄電池、EV充電施設を連系したシステムを構築している。

コミュニティブロックでの調整機能
　以上のように、需要サイドで複数の需要を結び電力を融通し、特定の運営ポリシーのもとで需要と供給を調整すれば、昇降圧の電力損失を最小化

図表2－17　PCUのネットワーク化による配電網のイメージ

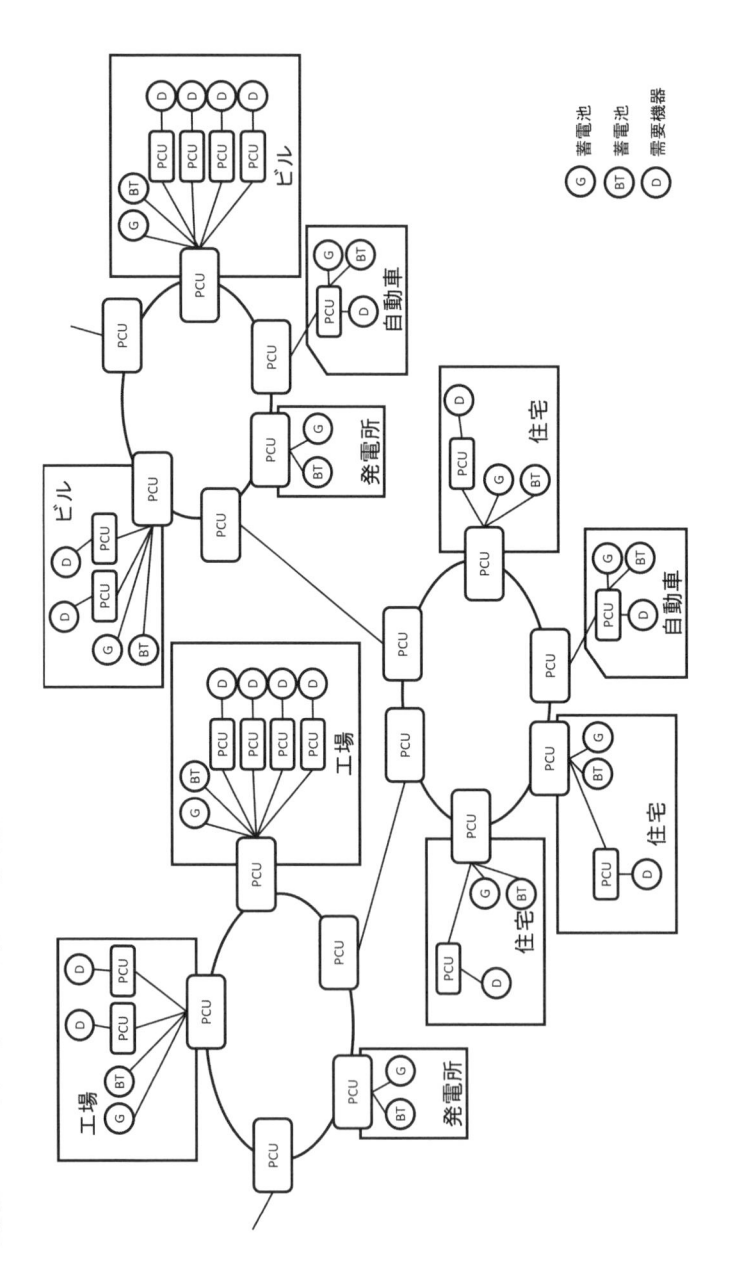

出所：筆者作成

図表2-18 コミュニティエネルギーでの利用技術

	発電	熱供給	貯蔵	調整システム
1995 年の発電自由化				
第1段階 自家利用	・ディーゼル	-	-	・デマンドコントロール
1997 年の京都議定書後の低炭素化				
第2段階 面的利用	・ガスタービン ・メガソーラー	・熱配管 ・吸収式冷凍機	・蓄熱槽	・自営線
2011 年の東日本大震災				
第3段階 BCP 向上	・ガスエンジン （電源コージェネレーション）	-	・蓄電池	・CEMS ／ HEMS ／ FEMS ／ BEMS
2020 年前後のポスト FIT				
第4段階 再生可能 エネルギー 最大化	・燃料電池	・ヒートポンプ	・車載用 蓄電池	・DR ・VPP ・直流送電 ・パワー半導体 （コンバーター／ インバーター／ 交直・直交変換器）

出所：筆者作成

し、需要調整の効果を最大化するシステムをつくることができる。上述したように工業団地や都市、住宅街、マンション、大学など、こうしたシステムに適したさまざまなコミュニティブロックがある。コミュニティブロックで不足する電力は、電力系統から補ってもらったり、余剰の電力は、系統に送電して他のエリアに送ることも考えられる（図表2-17）。今後、コミュニティ内でEVに太陽光発電のピーク時の電力を吸収する仕組みは、再生可能エネルギーの大量導入のための有効な方策となる。

　コミュニティのエネルギーシステムは4つ段階で進化すると考えられる（図表2-18）。第1段階は、自家発電・自家利用である。大規模発電所から高圧から低圧へ電力を一方向的に流す電力システムが前提であった時代に、需要側に発電機を置く自家発代行ビジネスが登場した。バブル崩壊後の1990年代に景気悪化とグローバル競争が重な

り、産業界から独占体制の電力システムの高コスト体質に不満が高まり、産業系を中心に需要家が低コストの分散型発電を取り入れたことが要因となった。

第2段階は、自家発電電力の面的な利用である。需要側に発電機を設置する場合、熱を有効利用すれば、エネルギー効率を一層高めることができる。ガスタービンなどの比較的大型の発電設備を用いて、複数の需要家の間で電力を共有するとともに、ホテルや病院で熱を利用する仕組みが取り入れられるようになった。1997年の京都議定書の合意を起点に先進国で低炭素化を進める動きが強まり、需要側でエネルギー効率を高めようとする流れが要因となった。

第3段階は、エネルギーシステムによる事業継続性（BCP）の向上である。2011年の東日本大震災でガスパイプライン網の強靭性が明らかとな

図表2－19　東京電力の設備関連指標（2017年度）

	資産額（億円）	発電容量(kW)	発電設備1kWあたり資産額(円)
水力発電設備	3,990	9,872,700	40,414
汽力発電設備	10,168	41,155,360	24,706
原子力発電設備	8,657	12,612,000	68,641
発電設備合計	22,815	63,640,060	35,850
送電設備	15,761	-	-
変電設備	6,647	-	-
配電設備	20,217	-	-
送配変電設備	42,625	-	66,978
①設備合計	65,440	63,640,060	102,828
減価償却費			9,339
燃料費			13,394
減価償却費に対する燃料費倍率		-	1.4
②燃料の資産相当額（＊）	147,476	-	231,735
③設備と燃料の資産合計（①＋②）	212,916	63,640,060	334,564

＊：発電設備と送配変電設備の合計に減価償却費に対する燃料費比率を乗じて、設備費と燃料費の比率を簡易的に算出した
出所：東京電力ホームページの2017年度の数値をもとに算出

り、多くの需要家がガスコージェネレーションを導入するようになった。需要サイドに発電設備を設置し、自立型のシステムを備えることでエネルギーセキュリティを高めようとする指向が要因となった。

　第4段階は、再生可能エネルギーの導入拡大である。FITの見直しにより、ポストFITの再生可能エネルギーの在り方が課題となっている。需要サイドで再生可能エネルギーを拡大するには、再生可能エネルギーの発電の過不足を蓄電池で調整するなどで、需要の異なる場所を直接つないで融通したり、需要調整する仕組みが必要となる。EVやPHVの車載用蓄電池と連携すれば、施設、自動車双方でメリットがある。今後は、供給サイド任せにせず、需要側で積極的に低炭素化を進めようという指向がコミュニティでのエネルギーシステム導入の要因になる。

　上述したような進化を遂げていくために欠かせないのが、パワー半導体の技術向上と需要サイドでの変動調整のコスト低減だ。自営線や調整システムの導入コストがかかるのは間違いない。しかし、電力系統への依存を低下させ、経済性の高い需要間融通に力を入れれば、系統電力に匹敵する経済性を確保できる可能性もある。2017年の東京電力のデータによれば、発電設備1kWあたりの送配電変電設備コストは7万円程度と、概算で30万円程度の電力供給コストの4分の1程度を占める（図2 - 19）。1000kWの大型の太陽光発電を設置した場合、7000万円のコストに相当する。これが直流送電線、パワー半導体のコンバーター、エネルギーマネジメントシステムの費用をカバーできれば、コミュニティのエネルギーシステムの採算が合うことになる。送配電変電、変動調整のコストは一様ではないが、系統電力との比較を行いながら、経済性のある区画から分散型のエネルギーシステムを導入していけばよい。

　需要サイドの自律的で低炭素なエネルギーを導入することで、都市としての快適性、利便性、安全性を高めることができる。それは、不動産価値の向上につながるのだから、エネルギーシステムとしての経済性が大差ないのであれば、分散型エネルギーシステムに分があることになる。デジ

タル技術やモビリティシステムを投入したスマートシティが注目されるなか、分散型エネルギーが再評価される時代が到来しそうだ。

カリフォルニアで進む制度整備

　日照時間が3000時間を超すカリフォルニアでは、2030年に再生可能エネルギー比率50％以上という達成を目指し、税額控除などの政策的支援を受けて太陽光発電の導入が増えている。2017年には、太陽光発電が全発電量の12％を占めた。

　国レベルで比較しても世界6位の経済力を有し、リベラルな政治風土があるカリフォルニア州は、トランプ大統領の化石燃料重視のエネルギー政策に反発するように太陽光発電に力を入れている。2019年1月に引退したジェリー・ブラウン知事のレガシー（政治的業績）でもあるカリフォルニア州エネルギー委員会が立案した新築戸建住宅への太陽光発電の設置義務（2020年1月以降）、2045年までに州内で利用される電力を100％再生可能エネルギーにする州法100条（SB100）が可決されるなど、トランプ政権成立以降も、太陽光発電を中心に再生可能エネルギー導入のための環境整備が進んでいる。2025年にディアブロ原発を閉鎖して脱原発を果たし、再生可能エネルギーへの転換を急ぐ姿はドイツに重なる。

　カリフォルニアでは、電力需要から太陽光発電電力量を差し引いた実質電力需要は午前中急激に下がって昼間に底をついたあと、夕方から夜にかけて急増する需要カーブを描く（図表2−20）。この急変動をいかに平準化するがカリフォルニアの電力システムの課題である。これに対し、カリフォルニア州独立送電運用機関（CAISO）は、水力発電による調整や出力抑制に加え、パシフィック・ガス・アンド・エレクトリック（PG＆E）、サザン・カリフォルニア・エジソン（SCE）、サンディエゴ・ガス・アンド・エレクトリック（SDG&E）の大手電力3社に対して、管内需要の120％を超える供給容量の確保、市場への電力放出、リアルタイム市場で15分間、5分間、1分間の単位で電力を調達するための急変動対策電源（フレキシ

図表2－20　カリフォルニアの１日実質需要カーブ（春季の典型例）

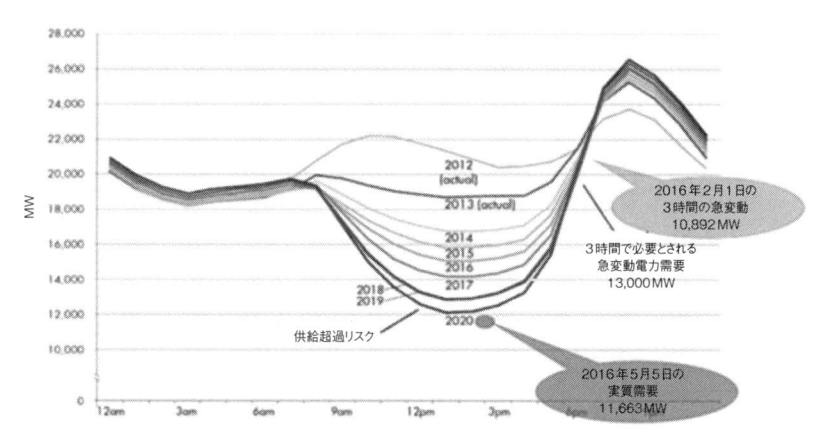

出所：カリフォルニア送電運用機関

　ブル・ランピング・プロダクト）の入札などを求めてきた。

　何も策を講じなければ、これらの対策は天然ガス火力の増設につながるため、カリフォルニア州の低炭素化の方針のもと、CAISOは、氷蓄熱や蓄電池、デマンドレスポンスなど、需要サイド変動調整機能への補助を始めている。カリフォルニアは、エナジーチャージ（日本でいう基本料金）が高いため、蓄電池をピークカットに使う事例も増えている。それでも蓄電池のコストを賄うのは容易でなく、オフィスなどの非常時設備として導入し、平常時には変動調整に使うといった取り組みが主流となっている。

　CAISOがさらなる対策としているのはEV充電だ。大量の電池容量を有するEVが普及すれば、太陽光発電の変動調整に利用することができる。カリフォルニア州では、EVの普及のためにEV購入者に対して最大7500ドルの税額控除枠を提供している。実質需要が少ない昼間にEV利用者に充電を促し、ピークになる夕方以降に放電を促すインセンティブ制度も検討されている。並行して、地元の電力会社PG&Eは、2018年１月に7500台のEV充電スタンドを設置するプログラムを公表している。

カリフォルニア州は、住宅についても蓄電池の設置を促すため、家庭に向け毎年8億ドル（約880億円）を2025年まで補助するSGIP（Self-Generation Incentive Program）を開始している。それに対応して、スマートハウス大手のビビント社などは、家庭で太陽光発電の電力を1時間に25マイル（約40キロ）分充電でき、HEMSでデータ管理もできる急速充電装置の販売を始め、並行して住宅用の蓄電池の設置も進めている。アメリカのスマートハウスは、ドアセンサー、窓センサー、人感センサーなどのセキュリティ機能や家電制御などのホームオートメーション、家庭の設備・機器のインターネットへのコネクテッド化が中心だったが、ビビント社は、子会社のビビントソーラーを通じてスマートハウスのエネルギーを太陽光発電と蓄電池で賄うシステムを2011年から販売している。

　需要サイドでの調整機能でカリフォルニア州がドイツと異なるのは、分散型エネルギーを中心とするクリーンテック産業の厚みがあることだ。太陽光発電のサンバージ社、EVのテスラ社、蓄電池マネジメントのステム社、アドバンスト・マイクログリッド・ソリューションズ社をはじめ、広義の分散型エネルギービジネスに関わる企業は、1000社を超えるといわれる。需要サイドの電力供給、変動・需給調整システムが広がれば、カリフォルニアは産業面で大きな成果を手にすることができる。リベラルな政策理念だけでは片付けられない産業政策としての側面が、需要サイドの技術の発展を支えている。

日本のコミュニティレベルの制度

　日本では、六本木ヒルズや日本橋スマートシティに適用された特定送配電事業や柏の葉スマートシティ、トヨタF-Grid、北九州市八幡東田地区スマートコミュニティで用いられた特定供給など、マイクログリッドの制度が用意されている。特定送配電事業と特定供給では、エリア内の自己電源を50％まで保有すればよいとされており、認定されれば系統からのバックアップを期待できる。エリア内の自己電源の比率50％の要件を緩和す

図表2−21　再生可能エネルギーの変動調整の考え方

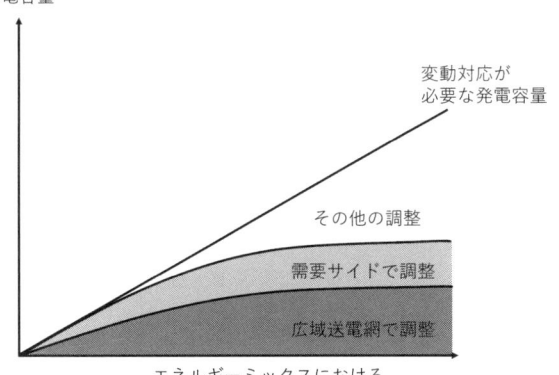

出所：筆者作成

べきとの声もあるが、自己電源の要件を緩和するよりも、自己電源の定義をコージェネレーションのような安定電源から、太陽光発電のような変動性のある再生可能エネルギーに広げたほうが、需要サイドでの再生可能エネルギーの導入拡大に寄与する。

　FIT終了後を睨んで資源エネルギー庁は、需要サイドの再生可能エネルギーを柔軟に利用できる仕組みとしたバーチャルパワープラント（VPP）、車載用蓄電池から電力系統に給電するV2Gなどのシステムを支援してきた。また、環境省は、2017年度に再生可能エネルギー加速化・最大化促進プログラムを策定し、地域で再生可能エネルギーを共有する仕組みを支援している。FITによる再生可能エネルギーの導入が減速すると、需要サイドの再生可能エネルギー導入支援が加速しそうだ。

広域と需要サイドの調整のミックス

　再生可能エネルギーの変動を、コストのかかる蓄電池に依存せず、広域送電網による分散効果で調整してきたのはEUの叡智であった。しかし、前章で述べた課題のように、技術的な限界、コスト上昇、合意形成の壁な

どにより、広域送電網だけで再生可能エネルギーの変動を調整し切れる訳ではないことが明確になりつつある。特に、大平原での風力発電や砂漠のような地域でのメガソーラーに依存できず、需要が減少し、電力会社の投資余力が減退する日本では、広域送電網の強化を前提とした再生可能エネルギーの導入に頼らない仕組みが必要である。需要サイドに設置した再生可能エネルギーを需要家が自己責任で変動調整するという方針は、将来の日本の電力システムの重要な選択肢となるだろう（図表2 − 21）。

（2）フューエル・トランスフォーメーション

燃料革命こそエネルギー革命の本質

　エネルギー革命が社会を変革した理由は3つある。1つ目は密度の高いエネルギーを使えるようになったこと、2つ目はエネルギーを使う時間と場所に制約されなくなったこと、3つ目はエネルギーを目的に合わせて転換、制御できるようになったことである。

　電力は、これらの理由を高度に満たすエネルギーであるが、2つ目の条件を完全に満たすことはできない。蓄電池が進化すれば、電気をもっと自由に使えるようになるといった議論もあるが、エネルギー革命の本質を捉えた議論とはいえない。上述した条件を満たすために不可欠なのは、可搬可能、貯蔵可能、高密度の燃料である。それを目的に応じた形態に転換する機器・設備があって、上述した条件を満たすエネルギー革命が実現する。可搬可能、貯蔵可能、高密度の燃料によって、エネルギーを目的に応じて自由に扱えるようになること、いわば燃料革命こそエネルギー革命の本質なのである。

　エネルギー革命の源となる燃料を継続して供給できるインフラと、転換機器・設備を手にしたことで、社会は大きく変わった。人々の生活環境が改善され、コミュニティの規模が飛躍的に大きくなり、産業が興り、経済

活動が拡大した。その発端は、はるか昔で、これまで何度かの燃料革命があり、その度に、社会は劇的に変わった。社会が進化すると燃料に求める要件が変わり、燃料も進化を続けた。以下、燃料と社会の関係をいくつかの段階に分けてみてみよう。

バイオマスの時代（第一次燃料革命）

　人類初の燃料革命となったのは、バイオマス、なかでも陸上に豊富に存在する草木を熱として利用したことである。草木を乾燥させ燃料として用い、暖をとったり、食材を加工・調理するようになったことで、生活環境、衛生環境、食糧の供給環境が改善された。また、他の動物と一線を画した生活を営むことができるようになり、原始的な小集団が拡大しコミュニティが形成された。コミュニティを維持するためには、バイオマス燃料をいつでも使えるようにすることが必要となるため、燃料を貯蔵するようになった。ここまでが第一次燃料革命の第1ステップといえる（図表2－22）。

　第一次燃料革命の次のステップとなったのは、エネルギーの集約である。大量のバイオマスの集中投入、木炭という加工燃料の発明、炉のようにエネルギーを集約するための設備の発明により、銅など比較的融点の低い金属の生成、加工、レンガや陶器の製造が可能となった。これにより、さまざまな用途の道具をつくることができるようになり、大規模な住居やインフラの建設、あるいは食糧の調達が可能となり、コミュニティは拡大と高度化を続けた。

　この時期には、水車や風車などのエネルギー源も利用されたが、地理的な自由度が低いうえ、動力としてしか利用できなかったことから、社会システムの一部を支えるに留まった（人力や家畜による動力も第一次エネルギー革命に加えられることが多いが、燃料革命がエネルギー革命の本質とする本項の論とはそぐわないため、ここでは触れないものとする）。

　鉄は銅に比べて硬度が高く耐久性もあるが、融点が高いため利用が遅れ

図表2－22　バイオマス燃料発展の構造

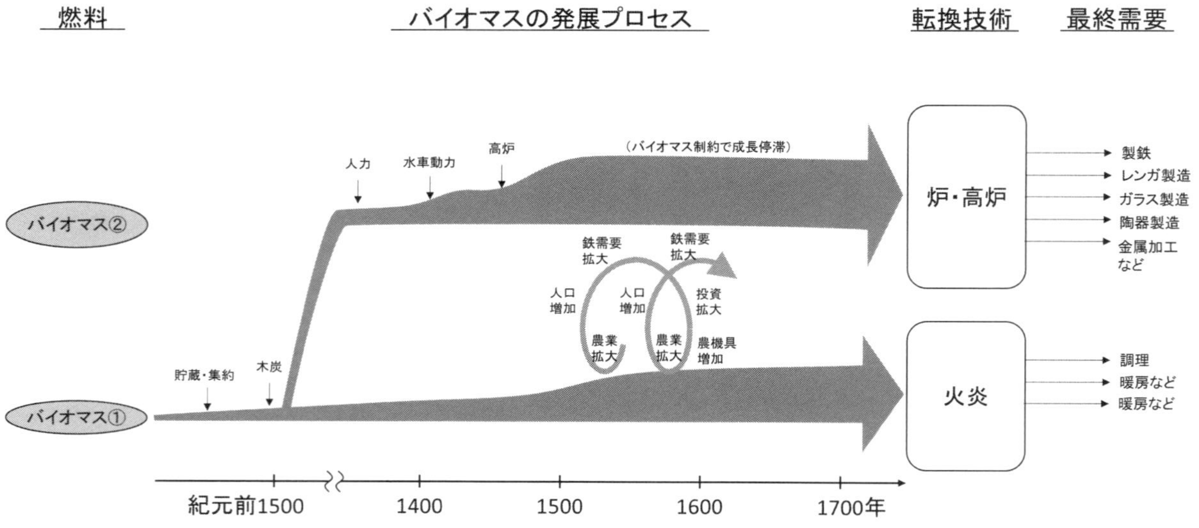

| 燃料 | バイオマスの発展プロセス | 転換技術 | 最終需要 |

燃料

バイオマスの発展プロセス

転換技術　最終需要

バイオマス②

バイオマス①

人力　水車動力　高炉　（バイオマス制約で成長停滞）

鉄需要拡大　鉄需要拡大

人口増加　人口増加　投資拡大

農業拡大　農業拡大　農機具増加

貯蔵・集約　木炭

炉・高炉

火炎

製鉄
レンガ製造
ガラス製造
陶器製造
金属加工など

調理
暖房など
暖房など

紀元前1500　1400　1500　1600　1700年

出所：著者作成

た。それでも紀元前1500年には、木炭と人力ふいごを用いた小規模な製鉄設備が利用されていた。製鉄に関する試行錯誤の時代は長く続くが、15世紀になると、水車の動力を活用したふいごと連続的に鉄を溶かすことのできる高炉の技術が普及し、16世紀には、それまでの鉄の塊を断続的に抽出する塊鉄炉に比べ、生産能力が数十倍に上がった。

　製鉄業は、さまざまな道具を進化させた。15世紀の技術の進化によって鉄需要が拡大し、16世紀には世界各地で高効率の製鉄業が普及し、消費される木炭の量も数十倍近くとなった。16世紀の鉄の増産の最大の用途は鉄製農機具だ。これにより、農業の生産性が飛躍的に改善し、イギリスでは16世紀から17世紀半ばまでに、農民人口と全人口がともに３倍程度になった。そこには、「エネルギー密度を高める技術が発達」⇒「銑鉄や棒鉄が供給」⇒「鉄製農機具が普及」⇒「農作物が増産」⇒「人口増加」⇒「食糧調達だけでなく、家屋などの生活環境が改善」⇒「鉄需要の増加」といったスパイラル構造がある。それは、木炭需要の急増も意味している。

森林の再生速度が制約に

　第一次燃料革命により、人類は古代から中世まで劇的な進化を遂げたが、木質バイオマスは森林資源に依存するため、燃料の供給量は森林の再生速度に制約される。再生速度を超えると燃料源が枯渇し、バイオマス燃料を基盤とする社会システムは持続できなくなる。実際、第一次燃料革命の末期には、エネルギー需要の大きい都市近隣の森林は殆ど消滅し、遠く離れた森林から木材を調達するための大規模な流通インフラをつくるようになっていた。

　イギリスは、15世紀の初頭は他国に比べて産業面で遅れていたが、16世紀の中ごろまでに鉄鋼業と農業の技術を革新したことで、ヨーロッパの鉄の需給の半分近くが集中するようになった。一方で、他国に比べて森林資源が乏しかったため、17世紀初めには早くも木材を輸入していた。その結果、16世紀後半には製鉄業の生産量が10倍程度増加したが、17世紀

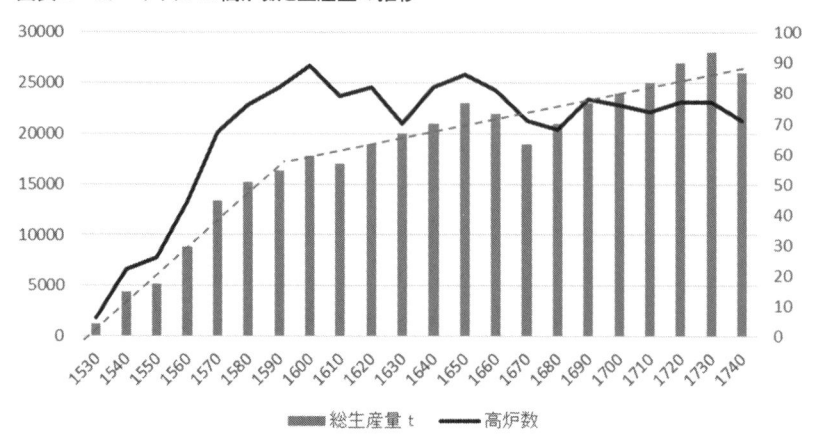

図表2−23　イギリスの高炉数と生産量の推移

出所：P. Riden, The Output of the British Iron Industry before 1870, Economic History Review, 2nd Series, Vol. XXX, No. 3, 1977, pp.443, 448.　を基に著者作成

に入ると製鉄所の数は減少に転じ、その後の150年は生産量の増加が50％程度に留まるようになる（図表2−23）。

　そのきっかけは、17世紀の大寒波による農業の停滞だが、100年を超える停滞の要因となったのは森林の消滅である。近隣で木材が枯渇し、長距離輸送が必要となると、木材価格が上昇し、製鉄業が停滞するだけでなく、一般家庭の燃料調達にも支障を来すようになった。この時期は「17世紀の危機」と呼ばれ、都市の人口が急増する一方で、物資の不足、貧富の拡大、農業や他産業の停滞から社会不安が拡大して、清教徒革命、名誉革命、あるいは小規模な戦争の遠因となった。

　イギリス政府は、森林破壊に歯止めをかけるため、法律で燃料確保のための森林伐採を禁じたが、燃料需要は高まる一方で、森林の減少は止まらなかった。森林の乱伐による環境破壊は生態系を変え、都市でネズミが増加し、ペスト流行の要因ともなった。森林枯渇による木材不足は、古代から繰り返されてきた歴史だが、製鉄の技術革新と都市需要が問題を一層深刻なものとした。それでも人類は、ひとたび手にした都市での生活を捨て

ることができず、「17世紀の危機」は、新たな燃料の出現まで続くことになる。燃料革命が社会を変革し、それが自然環境への負担を増し、環境問題を招くという人間社会と自然界の関係は、バイオマス燃料の時代に始まっていたのである。

石炭の時代（第二次燃料革命）

　第二次燃料革命は石炭の動力利用である（図表2 – 24）。

　石炭は、18世紀に蒸気機関として活用される200年近く前から、バイオマスに代わる煉瓦やガラス製造などの熱源として利用されていた。バイオマスに比べてエネルギー密度が高い石炭は、高熱が必要な産業に便利な燃料であったからである。一方、石炭は、火力が強すぎること、硫黄などの排気ガス成分が人体に有害であることから、一部の産業以外ではなかなか使いこなすことができなかった。

　そうした問題を解決したのが蒸気機関である。釜の中で石炭を炊いた熱で蒸気を発生させてレシプロ機関を動かし、排気ガスは煙突で排出するという構造により巨大な動力、排気ガスを浴びない作業環境が生み出された。

　イギリスで木質バイオマス燃料から石炭への移行を促したのは、資源の枯渇と森林資源の破壊という環境問題、高出力の動力や高カロリーの燃料を求める社会のニーズ、そして高カロリーの燃料を使うための技術開発である。

　石炭が安価な燃料として暖房用、窯業などの熱源として普及し始めたのは、16世紀に木炭の価格が高騰し、高火力に耐えられる調理器具や排気のための煙突を備えた家屋が開発されたからだ。17世紀には木材不足もあり、一般の家屋も木造からレンガに切り替わった。それが、住宅向けレンガの需要を拡大し、石炭需要を押し上げるという高エネルギー社会への循環を生み出す。ひとたび、高カロリーの石炭を利用する環境が整うと、家庭生活の快適さや産業の効率性が増し、木炭の利用は抑制されていった。それは、結果として荒廃した森林を再生することにつながった。

図表2−24　石炭燃料の発展の構造

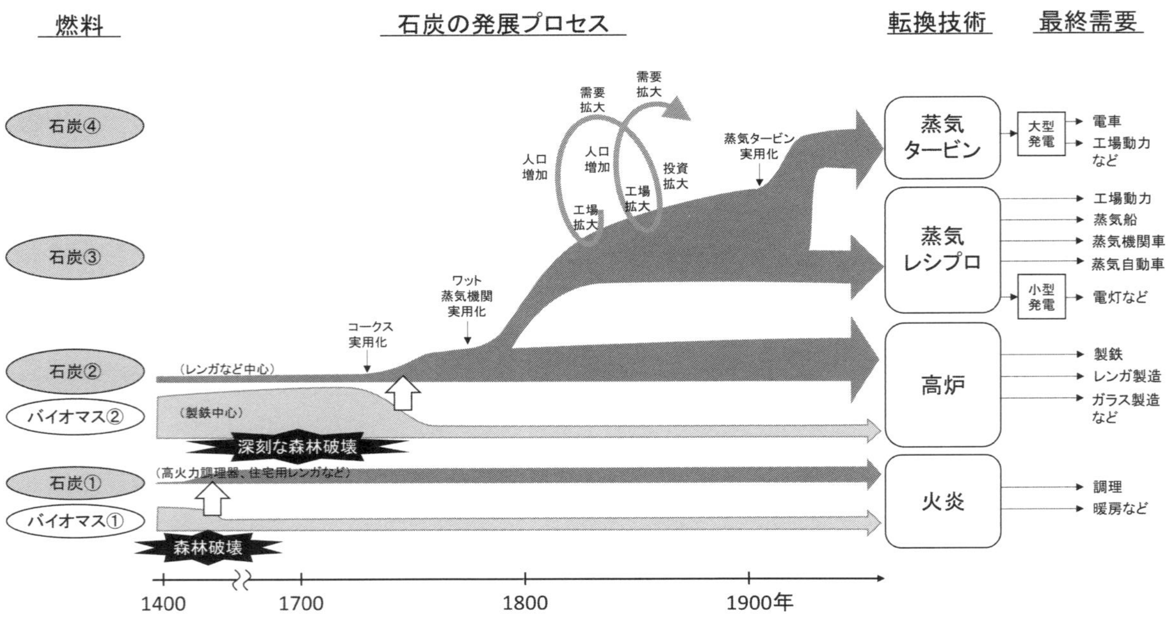

| 燃料 | 石炭の発展プロセス | 転換技術 | 最終需要 |

石炭④

石炭③

石炭②

バイオマス②

石炭①

バイオマス①

（レンガなど中心）

（製鉄中心）

深刻な森林破壊

（高火力調理器、住宅用レンガなど）

森林破壊

コークス実用化

ワット蒸気機関実用化

蒸気タービン実用化

人口増加

人口増加

工場拡大

工場拡大

投資拡大

需要拡大

需要拡大

蒸気タービン

蒸気レシプロ

高炉

火炎

大型発電

小型発電

電車
工場動力
など

工場動力
蒸気船
蒸気機関車
蒸気自動車

電灯など

製鉄
レンガ製造
ガラス製造
など

調理
暖房など

1400　1700　1800　1900年

出所：著者作成

燃料化技術で革新された鉄鋼業

一方、基幹産業であった鉄鋼業では石炭の活用が進まなかった。石炭を高炉燃料に使うと、硫黄分が鉄に溶け込み、鉄が脆弱になってしまったからである。石炭を製鉄に利用できるようなったのは、家庭での石炭利用に遅れること200年後の18世紀初頭である。木材から木炭が作られ、燃料としての性能が上がったように、コークスが発明されて不純物の硫黄などが取り除かれ、高炉の熱源に利用できるようになったのである。こうした燃料化技術の革新により、高カロリーの熱源を利用できるようになった鉄鋼産業は、成長力を増して投資資金を引き付け、送風装置がふいごからシリンダーとなり、動力が水車から蒸気機関に置き換えられるなどの技術開発が続いた。ワットの蒸気機関は、もともと大砲工場の高炉用に開発されたが、「工場で砲身をくり貫く中ぐり盤の性能が向上し」⇒「それを応用して蒸気シリンダーの円筒内面の精度が改善され」⇒「蒸気機関の性能が増し」⇒「その蒸気機関で送風力が増して高温で強い鉄を生産できるようになり」⇒「シリンダーの剛性を向上し」⇒「さらに蒸気機関の性能を高める」という複数の産業を跨ぐスパイラル的な発展形態を呈した。

その後、蒸気機関は、大型化して工場の生産能力を押し上げ、一方で石炭は木炭を代替して、家庭やアルコールの醸造・蒸留、塩、砂糖、煉瓦、ガラス産業などの熱供給に使われた。18世紀に、コークスが普及すると、蒸気機関を使った製鉄高炉の送風設備では、木炭では到底及ばない高温性能が得られるようになった。

一方、大規模な工場の要請に応えるために改良を続けた蒸気機関は高圧化され小型化が可能となり、新しい分野の動力需要を開拓した。運輸分野では、蒸気機関車や蒸気船が開発され、自動車にも積まれて馬車を代替した。

また、蒸気機関車や蒸気船の普及と同時期に発電機の改善が進んだ。19世紀後半になると、アーク灯、白熱電灯が開発され、量産化によって低コストが下がり、急速に普及した。この原動機となったのが蒸気機関である。

こうして19世紀末には、白熱電灯の需要により大規模な電力網が形成されていった。

その後、電力原動機はレシプロの蒸気機関に比べて大出力を生み出すことができる水力タービンに切り替わる。レシプロ機関はシリンダーを用いるため、シリンダーの加工精度が機関の性能に影響を与え、大型化に限界があったからだ。その後、水力タービンの要素技術を活用して高効率発電が可能な蒸気タービンが登場する。蒸気タービンは、大型化と過熱による熱効率の向上が可能であったため、発電に適した技術とし、水力発電を代替して行った。こうして、蒸気タービンを中心とする電力システムが普及して行った。

このように、高カロリーの新しい燃料源が発見されると、「**使いやすい燃料が開発され**」⇒「**その燃料を使うための設備が開発され**」⇒「**設備の性能が上がって適用範囲が広がり**」⇒「**燃料の需要が拡大し**」⇒「**新たに開発された技術が燃料源の開発を促す**」という発展のプロセスを描くことになる。

しかし、19世紀後半になると、石炭利用による環境問題が顕在化するようになる。イギリスでは、20世紀中盤までに10回ほど硫黄酸化物と煤煙による大規模なスモッグが発生し、大きな被害を出した。同時期には、日本でも石炭由来の硫黄酸化物や煤塵などによる大気汚染が深刻化した。化石燃料という新たな燃料は木炭が直面した供給限界を大幅に引き上げたのだが、環境問題という新たな制約を課されることになった。それが新たな燃料への期待を高めることになる。

石油の時代（第三次燃料革命）

石炭によって開拓された高出力機関へのニーズは、より高カロリーで、燃料として取り扱いやすい石油に引き継がれる。石油は石炭時代に拓かれた動力機関の性能を高め、適用範囲を広げた（図表2−25）。

蒸気機関は、一層高出力、大型化し、産業需要に応える一方で、小型化

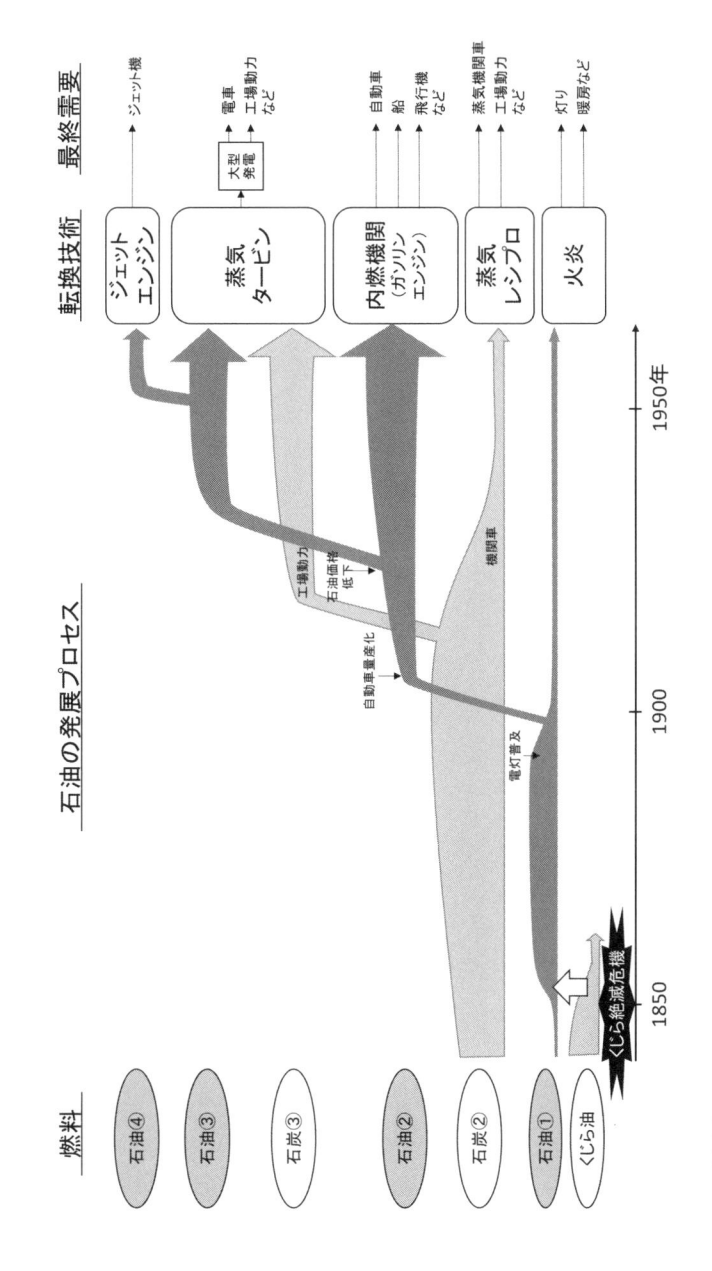

図表2−25　石油燃料の発展の構造

出所：著者作成

に適したレシプロ機関は、船舶、飛行機、自動車の動力として発展し、今に至る。その過程で、燃料の側でも、大型機関用の重油に加え、軽油、ガソリン、さらに副産物としての天然ガスと、用途や精製プロセスに応じた燃料が開発された。用途に合わせて燃料の性能が上がり、動力機関の性能を高めるというプロセスは、石炭時代には見られなかった発展形態である。

　石油が、石炭に比べて利用が遅れたひとつの理由は、石炭より深い地層に賦存しているからだ。地表に湧き出ている場合もあるが、液体であるため固形燃料に比べて取り扱いが難しかったという理由もある。

　石油の初期の需要は、照明用のランプ燃料である。それまで鯨油が用いられてきたが、19世紀の経済成長と人口増加などによる乱獲で鯨油が不足して価格が高騰し、代替燃料のニーズが高まった。エネルギー需要が自然の再生力を上回った挙句、化石燃料に活路を求めるという構図は、木炭から石炭への移行と同じだ。

　石油が普及し始めたのは、1840年代にアゼルバイジャン、1850年代にポーランド、ルーマニア、アメリカなどで油田が開発されてからだ。1840年代に高出力で可搬性のある小型蒸気機関を使った石油採掘手法が発明されたことも背景にある。鋭利な先端部を蒸気機関で巻き上げては落とし、パイプを使って石油を噴出させるケーブル・ツール掘削法である。この技術で20メートル程度の油田が開発された。動力が新たな燃料の開拓を後押しするという構図だ。1850年代になると、石油の精製法が開発され、照明用として安定燃焼する灯油が生産されるようになった。たたみかけるように、石油パイプラインが整備されて輸送コストが劇的に低下したことも普及を後押しした。

　その後30年ほど石油は照明用燃料として普及するが、1880年代にアメリカで白熱灯が開発され、電力インフラの建設が進むと、灯油照明は、数年で電気に代替されて石油需要は半減し、石油価格は急落した。安価になったことで、石油はさまざまな用途に使われるようになった。既に普及していた蒸気自動車が石油炊きフラッシュボイラ自動車に改造され、蒸気機

関の小型高出力化が進んだ。さらに小型の内燃機関が開発され、その後の自動車の普及の基盤ができる。

内燃機関の誕生と石油時代の到来

　内燃機関は、1800年代にガスを燃料として開発され、1860年代になると電気で点火する2ストロークのガスエンジンが開発された。ガスエンジンは、蒸気自動車の構造を活かしつつ外燃ボイラをなくすことができたので、車体が小型化したが、当時の技術では搭載できる燃料の量に制約があった。1870年代になると、小型で高効率の4ストロークガソリンエンジンが開発され、折からの石油価格の低下を追い風に、1890年代にガソリン自動車が誕生する。石炭時代に開発された自動車が外燃機関から内燃機関に代わり、ガソリンを燃料とすることで、小型化、長距離走行が可能となったという経緯だ。

　1900年代に入ってガソリン自動車が大量生産されると、石油の需要は年率約40％ものスピードで増大し、その勢いは20年も続いた。しかも、相次ぐ油田の開発で、1970年までの60年間、石油価格が低位安定したことで自動車は爆発的に普及した。まさに、石油の時代の到来である。自動車開発で培われた小型高性能エンジンの技術は、1900年代に入って飛行機を誕生させ、1910年代には飛行機エンジンが量産されるようになる。船舶についても、蒸気機関に比べてコンパクトな高出力エンジンが搭載されるようなる。ただし、自動車の生産量が圧倒的に多く、石油需要をけん引した。

　石油は、固いシール層に守られ、地質調査をしても発見しにくく、油田探査は困難を極めたうえ、深度の浅い油田は埋蔵量が限定され、短期間で枯れるものも多かった。それでも拡大する石油需要を背景に一攫千金を求めたオイルラッシュによって油田が発見され続け、1920年代には、石炭を下回る価格で安定生産されるようになった。掘削技術の進歩で1930〜1940年代末には、中東で大型油田が相次いで開発され、世界的に大規模

な供給力が生まれ、1970年代の石油危機まで、世界中で石油依存度の高い社会基盤が拡張されていった。

運輸部門に次ぐ石油の需要先となったのは電力だ。1920年代以降は、石炭より安価になった石油を使った発電が始まった。石炭を使ったボイラタービン発電は安定稼働するのに時間がかかるうえ、需要変動にも対応しにくい。これに対し、石油は負荷変動への追従性が高く、調整電源として有効であった。石炭、石油などのエネルギー源が多様化したことを背景に需要が拡大した。

蒸気タービンによる石油火力発電によって大電力が供給できるようになると、都市の白熱灯だけでなく、工場の中で煤塵や硫黄酸化物の排気ガスが発生しないこと、複雑な動力を連携するリンク機構が不要になり、工場の空間が有効利用できること、機械の緻密な制御、操業、管理がしやすくなることから、モーターによる動力が蒸気機関を代替するようになった。その後、電力の供給力は拡大を続け、電車、エレベータなどの業務用電気機器、家電、コンピュータなどの多種多様なエネルギー需要を生み出し、燃料需要を急増させた。

また、この時期には、ターボジェットなどの高圧タービンの技術によってジェットエンジンが開発され、空の移動需要を拡大した。ジェットエンジンは、レシプロエンジンプロペラ機に比べて推進力が強く、高速大容量の空の輸送ができるようになったからだ。

こうして見ると、高カロリーの燃料が動力やエネルギー需要を生み出し、需要に応じて生み出された技術が、燃料の開発を促すというスパイラル構造があることは、木炭、石炭、石油に共通しているが、燃料の性能により発展形態が異なる面もある。可搬性、加工性、環境性などに優れた燃料であるほど多様かつ広大な需要を開発するということだ。電力という最も使い勝手に優れた二次エネルギーが普及したことも重要だが、その背景には、性能の良い一次エネルギーが開発され続けたことも重要である。

一方、1940年以降に供給が急増した中東の石油は、硫黄含有量が高い

うえ、1955 〜 1975年にエネルギー消費が10倍近く増加したことで、エネルギー消費による大気汚染問題が深刻化した。

天然ガスの時代（第四次燃料革命）

　1960年代になると、石炭、石油に起因する大気汚染を改善する動きが始まった。そのひとつがメタンを主成とし、液化して精製すれば、不純物である硫黄成分を殆ど取り除くことができる天然ガスの利用だ。1970年代に入ると、中東諸国の結束で価格高騰した石油への依存を緩和するために開発が進んでいたことで、埋蔵地が石油と異なり、地政学的リスクを分散化できることが天然ガスの導入をけん引した。

　天然ガスの歴史は古く、1850年代に石油採掘の副産物として利用が始まった。しかし、気体燃料であるため、当時の技術では輸送することができず、現地での燃焼やガス灯などに用途が限られた。1870年代になると、アメリカで最初のパイプラインが建設され、1880年代には、ペンシルバニアからピッツバーグ、ニューヨークまで延伸されて、製鉄、窯業の熱利用を中心とした産業需要、ガス灯や暖房などの都市需要などで石炭需要を部分的に代替したが、有効な貯蔵法がないため普及しなかった。

　天然ガスの普及が進んだのは、1920年代にシームレスパイプ、被覆アーク溶接技術が実用化されたことに加え、大規模ガス田が見つかって経済性が向上したからだ（図表2-26）。

　シームレスパイプは、パイプラインの製造コストを大幅に低下させ、被覆アーク溶接は、パイプの全周溶接の品質を安定させて工事期間とコストを著しく改善した。その背景には、1870年代に発電機、1880年代に直流大電流による炭素アーク溶接法、1890年代に金属アーク溶接法、1900年代に被覆アーク溶接法、といった大電流を使う技術が次々に開発されたことがある。1930年代には、放射線透過による非破壊検査技術が導入され、パイプラインの品質と敷設速度が向上するとともに、敷設コストが大幅に低下した。これらの技術は、その後も発展を続け、超長距離、大規模なガ

図表2−26　天然ガス燃料の発展の構造

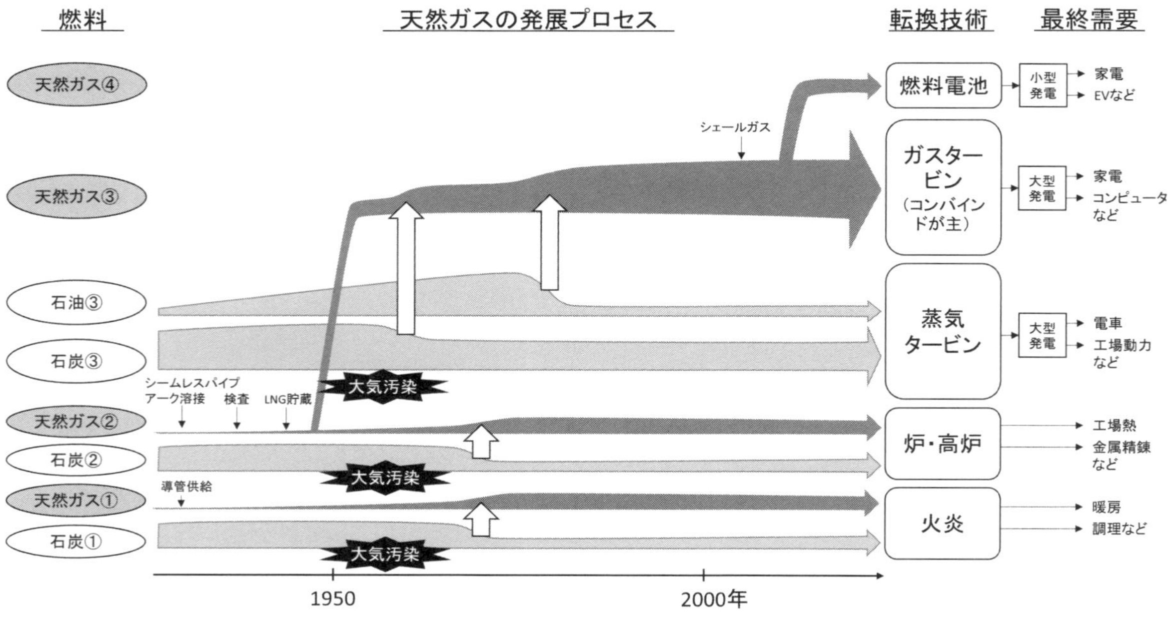

| 燃料 | 天然ガスの発展プロセス | 転換技術 | 最終需要 |

出所：著者作成

スパイプラインが建設されるようになった。

　天然ガスは新しい需要も開拓した。家庭では、煤や有害なガスが発生せず、ガスコンロ、ガスストーブなどに使える取扱いやすい燃料として普及した。パイプラインが敷設されたことで、工場でも石油に比べて貯留や環境設備の負担の少ない燃料として歓迎された。

天然ガスの普及を後押ししたLNG

　天然ガスの普及に欠かせない基盤技術がLNG（Liquefied Natural Gas）である。初期の天然ガスの主要用途のひとつである都市の暖房需要は季節変動が大きい一方、天然ガスは、石油採掘に伴い年間を通して生成する。また、石油と同様、需要国の多くが十分なガス田を持たないため、海を越えて燃料を調達する必要がある。こうした季節変動の緩和や燃料輸送のために開発されたのが天然ガスを冷却、液化、貯蔵するLNGである。

　1890年代には液体窒素、1900年代には液体ヘリウムが実現されるなど、19世紀末には気体の冷却技術が確立していた。容器に高圧で閉じ込めた気体を膨張させると温度が下がる、という断熱膨張の原理を利用した技術の体系が構築されていたからだ。

　これに1920年代に始まった石油化学技術の進歩が加わり、LNGが実用化された。1900年代からの自動車の量産に伴い、原油から生成されるガソリンの比率を増やすために重質油の熱分解技術が開発された。石油化学工業は、発生する石油廃ガスを活用するための技術として始まった。そこで、エチレンの分離などのために、ガスを冷却精製する技術が開発され、1930年代には、従来のレシプロ型圧縮機に代わってタービンを用いた遠心型大型圧縮機が導入され、冷凍性能が飛躍的に向上した。

　こうして1940年代には、LNGの貯留基地が造られ、1950年代には、LNGタンカーによる海上輸送が実現した。日本では、大気汚染を改善するためのクリーンなエネルギーとして、1950年代にLNGの導入計画が始まり、1960年代のアメリカからの輸入を皮切りにブルネイ、インドネシ

アなどに輸入先が拡大した。こうして輸入体制が整ったところで1970年代のオイルショックが起き、LNGは、高騰する石油に代わる燃料として電力、都市ガス、産業用ボイラ、工業炉などに急速に普及した。2000年代になると、地球環境問題が追い風となり、発電分野では、コンバインドサイクルにより、石油、石炭火力に比べて圧倒的な効率を実現したことでLNGの需要は10年で2倍に増加した。

　天然ガスの可採期間は、かつて50年程度とされていたが、2000年代に入ってシェールガスの掘削技術が開発されると想定埋蔵量は大幅に拡大した。シェールガス開発の中核となったのは、計測、シミュレーション、水圧破砕の技術だが、特に、計測、シミュレーション技術の貢献度が大きい。水圧破砕の際に発生する弾性振動波を、別の縦杭に挿入した複数の振動センサーで同時に計測することで、地層内を立体的に分析する技術が開発されたのだ。これにより、どのように掘れば地層内に亀裂が生じやすいかなどをシミュレーションできるようになった。アメリカでは、作業から取得した計測データを作業終了後6カ月以内に指定機関に届け、蓄積されたデータを活用してシミュレーション精度を高める仕組みがつくられたことで、掘削精度が飛躍的に向上した。2000年代に入ると、長さ数千メートルの水平坑を数百メートルごとに設置できるようになるなど、水圧破砕の1カ所あたりのコストが3年で半減するというスピードで技術が進歩した。

　天然ガスは、気体燃料であることから、パイプライン、LNG化、輸送、貯蔵の技術が確立されるまでは普及しなかった。しかし、ひとたび技術が確立されると、インフラ整備の速度に応じて需要が拡大し、普及が始まってから30年程度で石炭、石油に並ぶ安定した燃料として位置付けられるようになった。天然ガスを用いた発電機器は、小型高効率化が可能であることから、ガスエンジン、燃料電池などによる分散型発電の需要を開拓した。

　一方、熱需要、電力需要は拡大したものの、自動車や船舶、飛行機など

の運輸分野への普及は限定的なものに留まっている。運輸分野で利用するには、体積エネルギー密度を高めるための高圧タンクが必要となるうえ、安全対策などのコストがかかるからだ。こうした意味で、天然ガスが石油を代替したとはいえない。

　その意味で、化石燃料が主体の時代となってからは、石炭が木炭を駆逐したような燃料の代替は起こっていない。最近、地球温暖化問題で目の敵にされている石炭についても、消費カロリーで見れば、いまだ石油、天然ガスと並ぶ燃料であることに変わりない。このように化石燃料の間で完全な代替が起こらないのは、燃料として一長一短があるうえ、可採年数、賦存地域、環境負荷、価格変動などで、ひとつの燃料に集約することができないからだ。一方、木炭から化石燃料への転換は、森林破壊という目の前のわかりやすい環境問題を回避することはできたものの、地球温暖化のような複雑な構造の問題を引き起こした。また、化石燃料への移行で、燃料供給が森林の再生サイクルに制約されるという問題は回避できたが、化石燃料も元をたどれば自然の産物であるから、再生のサイクルが超長期化され、制約が見えなくなっただけ、ということもできる。その意味で、木炭から始まった燃料の変遷は、燃料の持つ本質的な問題をいまだに解決できていないことになる。

燃料革命を推進する3つの条件

　バイオマス、石炭、石油、天然ガスという燃料の変遷を踏まえると、社会を支える燃料には高密度性、需要多様性、持続可能性の3つの条件が求められることがわかる。

1) 高密度性

　高密度性とは、燃料の重量当たりのエネルギー密度と、燃料を集中投入することによるエネルギーの集約度である。

　鉄鋼業の発展プロセスを見ると、初期にはエネルギー密度の低いバイオ

マス（約15MJ／kg）を集約する仕組みがつくられ、需要に応えるために炉が大型化し、高温を確保するために大量の木炭を投入することになった。

　鉄製器具の普及で農業生産が拡大すると、より高品質の鉄を生産するために、さらなる高密度な燃料が必要となり、石炭からコークス（約30MJ／kg）をつくられるようになった。

　自動車では、燃料をコンパクトにするために石炭で走る蒸気自動車から、よりエネルギー密度の高い石油（約45MJ／kg）を燃料とするガソリン自動車が使われるようになる。

　一方、発電設備を見ると、拡大するエネルギー需要に対応するために、パイプラインで効率よく集約化でき、コンバインドサイクルのように、高圧化と高効率化が可能な天然ガス（約55MJ／kg）が普及した。気体燃料は、液体燃料に比べて均一性を高められるので、高圧化、つまり時間的空間的に燃料を高度に集約化してエネルギーの利用効率を高めることができる。

　高密度化の流れは、天然ガスの百万倍以上のエネルギーを持つ原子力（ウラン235）の 66×10^6 MJ／kgへと進む。炭素と水素の原子間結合力に比べて、はるかに大きな核力を利用可能なエネルギーに変換することで次元の違う高密度化を実現したのである。しかしながら、人類は文字通り桁違いのエネルギーを使いこなすための十分な技術をいまだに手にしていない。

　このように、人類は効率性を求めて、試行錯誤と技術革新を経て燃料の高密度化、高度集約化を追求してきたのである。

2) 需要多様性

　需要多様性とは、二次燃料化やエネルギー転換技術により、どれだけ幅広い需要に対応することができるかを問う視点である。

　バイオマスは、灯り、調理、暖房向けに使い始められ、集約化の技術を高めることで製鉄、窯業などの需要を開拓した。長期にわたり歴史を支え

てきたが、熱需要向けの利用に留まった。

　石炭の時代になっても、初期にはバイオマスと同様、熱需要向けの利用に留まり、硫黄酸化物の影響で利用できる範囲は、バイオマスと比べても限られていた。その後、排煙装置の開発などにより、住宅用レンガ向けの窯業などに使われ、技術革新を経て、製鉄をこの時代最大の産業に押し上げた。その後、蒸気機関の発明により、蒸気自動車、蒸気機関車、蒸気船などの動力需要を拡大して産業革命を支え、発電技術が発明されると電燈需要を開拓し、工場の動力需要を拡張した。バイオマスの時代に比べ、需要先が大型の動力、移動、さらには電力へと広がったことになる。

　石油の時代になると、エネルギー密度の高さと設備の簡素化で小型高出力の動力の供給が可能となり、個人の移動需要に対応できる内燃機関が開発され、自動車が普及した。大型の船舶も小型高出力のエンジンを多気筒積載することで高速輸送が可能となり、飛行機の発明により、空の移動需要も開拓された。石炭時代の低効率で嵩張る動力は、ガソリンエンジンに代替され、移動需要の規模と多面性が拡大した。高性能の動力は、電力供給の拡大にも貢献し、産業用機械や家電の需要を支えた。石炭時代に比べて、移動需要と電化の需要を拡大したことになる。

　天然ガスの時代になると、都市ガスが普及し、住宅の調理や暖房などの熱需要、小型燃料電池などを用いた自家発電需要などが拡大した。また、発電分野では、ガスタービン・コンバインドサイクルの開発により石油・石炭火力の3割以上高い発電効率が実現された。近年では、ガスタービンのレスポンスの良さが送電網の変動調整力を高め、再生可能エネルギーの導入を支えている。石油時代に比べて、新たな熱需要、自家発電需要に加え、低炭素時代に向けた調整力という新たな需要が開拓されたことになる。

　このように、新たに開拓された燃料は、それまでの燃料を代替するだけでなく、新たな需要を創出してきたのである。

3) 持続可能性

　持続可能性とは、燃料がどれだけ持続的に供給されるか、社会的に受容されるかを問う視点である。

　木質バイオマスは、森林資源を源泉としているので、持続可能な利用量は、森林の再生サイクルの範囲内になる。国内だけでなく収集範囲をグローバルな資源まで広げれば、世界の可採可能な森林資源の再生サイクルとなる。しかし、エネルギー密度の低いバイオマスを輸送するのは負担が大きいうえ、過度の伐採が引き起こす問題を認識していなかったことから、欧州などでは、広い地域で森林資源枯渇や、それに伴う環境問題を起こした。森林資源だけで急増する都市人口を支えられなくなり、社会不安から革命などの遠因となり、エネルギーシステムの転換が求められた。木質バイオマスは、早い段階で持続可能性の限界に突き当たったのである。

　持続可能性の壁に突き当たったバイオマスの燃料の座を引き継いだ石炭は、生物の進化と地殻変動の長い歴史の中で生成、蓄積された資源である。可採年数は、長い間100年前後といわれ続けており、産出国の偏りも少ない、使いやすい燃料である。森林の資源循環に比べてはるかに長い期間蓄積されたため、当面は十分な埋蔵量があるが、いずれは枯渇する燃料である。また、枯渇した場合は、バイオマスのような再生可能な燃料ではない。バイオマスのように採取自体が生態系を破壊する傾向は小さいが、改良されたとはいえ、硫黄酸化物、一酸化炭素、煤煙による大気汚染の負荷が大きく、近年は、地球温暖化に最も大きな影響を与える燃料として、利用を減らそうとする動きが強くなっている。つまり、石炭は、燃料供給面で余裕があるうちに、社会的な受容性の面で持続可能性の壁に当たったことになる。

　石油は、石炭と同様再生可能でないうえ、可採年数が50年程度と比較的短く、大型油田が開発される前は、いつ枯渇するかわからない不安定な燃料とされた。大型油田が開発されたあとも、埋蔵地域の偏在が大きく、いつ調達できなくなるかわからないリスクと隣り合わせなうえ、戦争など

の原因にもなったため、各国は依存度を下げようと努力してきた。環境面では、石炭に比べて煤煙は少ないが、硫黄分による大気汚染問題の原因となってきた。重油、軽油、ガソリンなど用途に応じた加工が行われたが、いずれの分野でも排気ガス対策が重要な課題となった。代替手段に限りがあるため、石炭のような急激な燃料転換の対象にはなっていないが、調達リスク、環境負荷などで、石炭以上の社会的受容性も壁がある。

　天然ガスの可採年数は、石油同様50年程度とされてきたが、シェールガスの開発によって可採年数が大きく伸びた。産出国の偏りが少ないため調達リスクが比較的低いうえ、LNGで輸入すると硫黄分がなくなること、固体や液体の燃料に比べて燃焼が安定化しやすく排気ガス性能が高いため、石油に比べると社会的な受容性の壁は低い。こうした理由で、石炭、石油からのシフトが進んでいるが、再生不可能な燃料であることに変わりはないため、いずれは供給限界の壁に突き当たるし、二酸化炭素の排出抑制のハードルが上がれば、より環境性の高い燃料への期待が高まる。

　可採年数に目を向けると、バイオエネルギーは、バイオマスの再生サイクルの範囲内で利用し、生育環境を適切に管理している限り超長期で利用できる。再生サイクルの範囲は、世界の木材の年間成長量が世界の消費エネルギーの7割程度であることを考慮すれば、理想的には、消費エネルギーの6割程度を賄っている石炭と石油の需要を超える可能性もある。実際には、広く薄く分布した作物の成長分を均等に収集することは難しく、現在利用されているのは、5％程度に過ぎない。

　石炭、石油の可採年数は50年、天然ガスの可採年数は100年とされているので、今世紀後半に二酸化炭素の実質的な排出量ゼロという地球温暖化抑制の目標を達成できないと、すぐに供給限界の壁に突き当たる。化石燃料に比べて供給面での持続可能性が圧倒的に大きいのが、再生可能エネルギーである。太陽光の寿命は50億年以上あるとされるから、太陽エネルギーの持続可能性は、ほぼ無限と考えてよい。供給量の面からいっても、地球に降り注ぐ太陽光は、人類が使っているエネルギーの1万倍とされる

ので、無尽蔵といってよい。バイオマスや風力も太陽光に由来しているので、それらが発生する環境が保たれている限り、持続可能性の限界はない。水力については、ダムの再現性が確認されていないため、太陽光、風力、バイオマスと同等に扱うことはできない。

燃料革命の構造

　燃料に求められる3つの条件で評価すると、各燃料は図表2－27のように「高密度性」、「需要多様性」、「持続可能性」を軸とする空間に位置付けることができる。

（バイオマス）

- 普及初期には、高密度性、需要多様性が低く、持続可能性が高い（図表2－27中の「バイオマス①」から点線でひも付けられた○が空間上の位置を表す）。
- 需要が増加し、利用技術が進化すると、木炭の導入や高炉の普及などによって、高密度性と需要多様性が改善する一方、森林破壊によって持続性が悪化（図表2－27中の「バイオマス②」）。
- 石炭に代替されてからは、森林破壊の速度が低下し、持続可能性が上昇（図表2－27中の「矢印①」）。

（石炭）

- 普及初期においては、バイオマスに比べて高密度性、需要多様性、持続可能性のいずれも高い（図表2－27中の「石炭②」）。
- コークス炉と蒸気機関の開発、工場動力設備、蒸気機関車、蒸気船、蒸気自動車などの普及により、高密度性と需要多様性が向上。一方で、需要増加による大気汚染により、持続性が悪化（図表2－27中の「石炭③」）。
- 蒸気タービンが普及し、発電向け需要が増え需要多様性が向上（図表2－27中の「石炭④」）。大気汚染が一層深刻になり、石油に代替される

図表2－27　燃料革命の構造

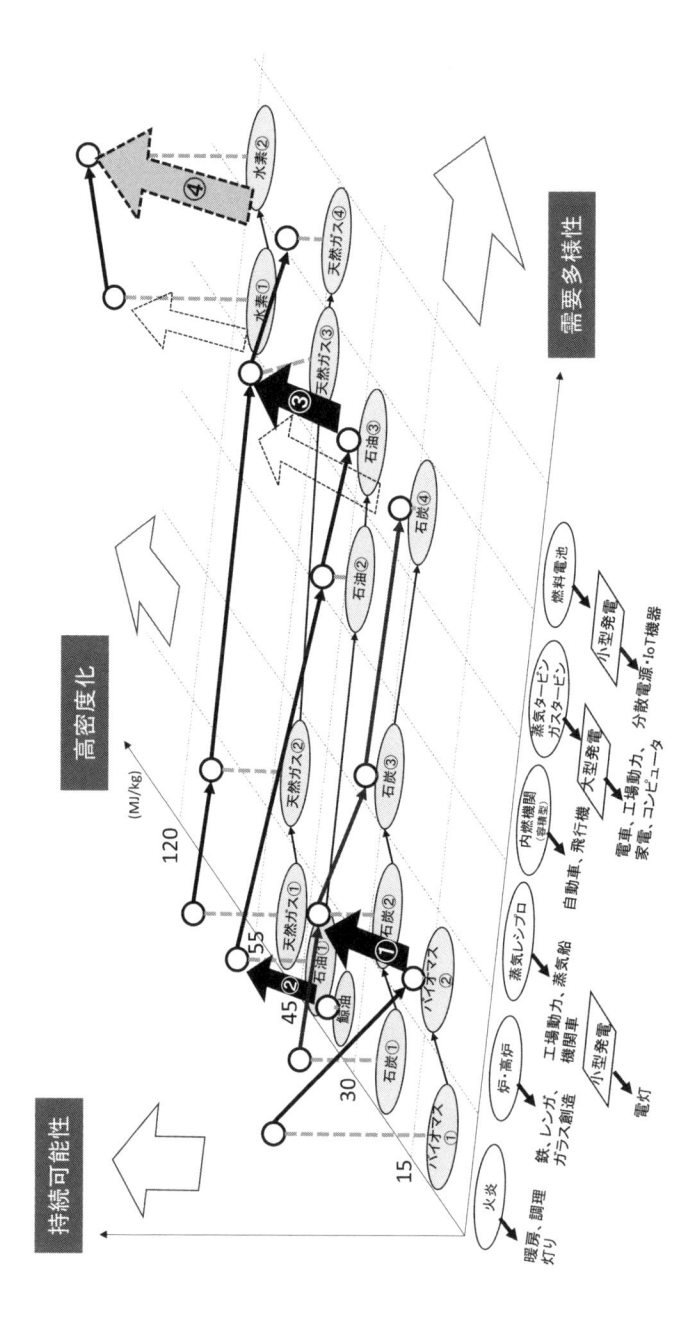

出所：著者作成

ことで、石炭としての持続可能性は改善。ただし、石油への転換は、内燃機関への普及を促したが、大型の機関車は、電車が普及するまで代替されずに石炭需要は継続。

- 二酸化炭素排出という新たな課題が顕在化し、持続可能性が急速に懸念され、天然ガスなどへの代替が加速（図表 2 − 27 中の「矢印②」）。

(石油)
- 普及初期は、鯨油に代わる灯油用途として使われていたため、高密度性、需要多様性が発揮されず、持続可能性は問題とならない（図表 2 − 27 中の「石油①」）。
- 内燃機関の燃料として需要が高まると、自動車、船、飛行機などの需要が増加。
  拡大する電力需要にも対応し、高密度性と需要多様性が向上（図表 2 − 27 中の「石油③」）。
- 石油価格の低下によって、大型定置利用の蒸気タービンを用い、拡大する電力需要に対応し、高密度性と需要多様性が向上（図表 2 − 27 中の「石油③」）
- 埋蔵地域の偏在と調達リスクが高まると同時に、大気汚染の深刻化による社会受容性が急速に低下。環境問題とエネルギー源の多様化政策で、天然ガスによる代替が進むことで持続可能性が再上昇。ただし、天然ガスへの転換は、大型定置利用のガスタービンなどに限られ、小型移動体用のであるガソリンエンジン車の代替は進まず。現在、EV、天然ガス車が一部普及し始めてはいるが、ガソリンエンジン車向けの石油需要は継続。
- 地球温暖化の観点による持続可能性を向上するために、石炭同様に天然ガスへの代替が進む（図表 2 − 27 中の「矢印③」）。

（天然ガス）

- 普及初期には、家庭の暖房や調理用の石炭などの代替燃料として、高密度性と持続可能性を確保（図表2 - 27中の「天然ガス①」）。
- 工場用などの燃料として石炭を代替、高密度性と高い持続性を確保（図表2 - 27中の「天然ガス②」）。
- ガスタービンを用いたコンバインドサイクルの燃料として需要が高まると、高密度性が上昇すると同時に、家電や工場動力、コンピュータなどの電気需要により需要多様性が上昇（図表2 - 27中の「天然ガス③」）。
- 分散型電源としての燃料電池向けの改質技術の開発（図表2 - 27中の「天然ガス④」）。
- 再生可能エネルギー導入のための調整力としての需要が顕在化（図表2 - 27中の「矢印④」）。

燃料革命の方向性

　以上の3つの条件から導かれる今後の方向性は以下のようになる。

（高密度性）

　バイオマス、石炭、石油、天然ガスと変遷してきた燃料の歴史において、エネルギー密度が低下したことはない。そこには2つの理由がある。ひとつは、生活レベルの向上、産業活動の拡大、都市人口の拡大などによるエネルギー需要の増大に対応するために、大量のエネルギーを効率的に供給、利用する必要があったからだ。世界的に今後も需要拡大の流れが続く。もうひとつは、社会のありとあらゆるところにエネルギーを消費する設備、機器が普及したため、小型化、高密度化が可能な燃料が必要になったからだ。

　これまでの燃料のエネルギー密度は、石炭約30MJ ／ kg、石油約45MJ ／ kg、天然ガス約55MJ ／ kgとなっており、分子量は石炭で数千g ／ mol、石油は100 〜 300g ／ mol、天然ガスは約18g ／ molと小さくなって

いる。こうした高密度化、分子量の究極に位置付けられるのが、エネルギー密度約120MJ／kg、分子量2g／molの水素といえる。

(需要多様性)

エネルギー需要の多様性には3つの観点がある。

1つ目は、高出力の動力から精密機器まで幅広い需要のエネルギー源となる電力への転換効率の高さである。天然ガスは、コンバインドサイクルを可能とすることで、石炭、石油よりはるかに高い電化の効率を達成した。理論的に、これ以上に高い電化の効率を可能とするのが燃料電池である。

2つ目は、可搬性である。エネルギーを基盤とする現代社会が発達できたひとつの理由は、可搬性のある燃料を、エネルギーを必要とするところに自由に運ぶことができたからである。電気は、便利で効率性の高いエネルギーだが、可搬性のある化石燃料抜きに現状のエネルギーシステムを支えることはできない。

3つ目は、産業用の熱需要に応えられることである。素材産業の巨大な熱需要を電力だけで賄うのは不可能に近い。また、理論的に製鉄の還元プロセスを代替することはできない。鉄に取って代わる素材が見当たらないことを踏まえると、素材産業の巨大な熱需要と還元プロセスを担えることは次世代燃料の条件といえる。

化石燃料は、これら3つの観点を高いレベルで満たしてきた。その利用が制約されたとき、需要多様性の条件を化石燃料と同等のレベルで満たすことができる燃料は、今のところ水素以外に見当たらない。

(持続可能性)

燃料としての持続可能性は、供給持続性と社会受容性に分かれる。

供給持続性について、バイオマスは再生可能であるものの供給量が自然の再生サイクルの範囲内に限られる。化石燃料は埋蔵量の範囲内でしか利用できず、その限界は遠くない将来確実にやってくる。また、その形成プ

ロセスから再生は不可能と考えてよい。供給量については、人類のエネルギー需要に比べ十分に大きく、持続性においては、ほぼ無限と考えてよいのが太陽光である。これを電気に転換したのが太陽光発電であり、それを使って生成されるのがPower to Gas（P2G）による再生可能エネルギー水素である。

　社会受容性は、環境性とリスク受容性に分かれる。

　森林の再生サイクルを超えた木質バイオマスの消費は、自然環境の破壊という環境問題を起こし、化石燃料への転換を促した。石炭の利用は、深刻な大気汚染を引き起こし、石油、天然ガスへの転換を促した。有害物質の発生を十分に抑えることができても、地球温暖化問題の観点から化石燃料を使い果たすことはできない可能性がある。

　複数の化石燃料が使い続けられているひとつの理由が調達リスクである。産出国が偏った特定の化石燃料への依存度を高めすぎると政治的なリスクが高まるからだ。

　原子力は、環境性の面でも調達リスクの面でも問題のないエネルギーだが、ひとたび事故が起こった場合のリスクのあまりの大きさから社会に受け入れらなくなりつつある。

　こうした環境性、社会受容性に基づく条件を満たす燃料は、今のところ水素以外に見当たらない。

　過去の燃料革命は、環境性とリスク受容性が組み合わさって起こった。その底流には、環境性の悪化により、生活や社会の持続性が懸念されるなどのリスクが一定レベルを超えると、変革が動き出すという社会構造がある。現在、地球温暖化によるリスクが新たな燃料革命の胎動となりつつある。その意味で、新たなエネルギーシステム構築への序章は始まっているといえる。

　以上、述べたように、燃料に求められる3つの条件から、人類は、いずれ水素を中心としたエネルギーシステムを構築せざるを得ないことがわかる。

日本のエネルギー需給と燃料の代替性

　燃料革命の方向性を議論するために、既存燃料をどれだけ代替できるかを日本のエネルギーバランスから見てみよう。

　2016年の日本のエネルギーバランスを図表2－28に示す。現状でも相対的に石油への依存度が高いが、運輸部門の比率が大きく、その他の産業、民生、家庭部門の熱、動力需要の合算では、石炭、石油、ガスが同程度の1400PJ程度とバランスよく利用されている。

　熱需要向け燃料の中には自家発電が含まれ、熱需要約3200PJの3分の1程度が使われていると推定されるため、単純にすべてが熱用途といえない。こうした発電機の需要も熱需要と同様に代替性が高い。系統電力も分散型電源によって生成される電力と変わらないので、代替性が高い。

図表2－28　日本のエネルギーバランス

（1）2016年のエネルギーバランスの概要

							（単位：PJ）
2016年		全体	石炭	石油	ガス	再エネ他	電力
国内需要		**11,459**	**1,370**	**4,381**	**1,337**	**983**	**3,387**
運輸需要	動力	3,127	0	**3,018**	45	-	63
産業需要	熱	3,186	1,366	476	320	903	121
	動力	1,086	-	-	-	-	1,086
業務需要	熱	993	4	553	367	70	-
	動力	1,146	-	-	-	-	1,146
家庭需要	熱	949	-	334	605	11	-
	動力	971	-	-	-	-	971

（2）1965年のエネルギーバランスの概要

							（単位：PJ）
1965年		全体	石炭	石油	ガス	再エネ他	電力
国内需要		**4,207**	**1,046**	**2,268**	**270**	**46**	**578**
運輸需要	動力	798	106	**632**	31	-	28
産業需要	熱	2,273	733	1,388	68	46	39
	動力	353	-	-	-	-	353
業務需要	熱	280	49	181	51	-	-
	動力	55	-	-	-	-	55
家庭需要	熱	346	158	68	120	-	-
	動力	102	-	-	-	-	102

出所：資源エネルギー庁資料などを基に筆者作成

　一方、自動車を中心とした運輸の石油約3000PJ、産業の石炭1400PJは、ガソリンスタンド、鉄鋼などの産業に依存しており、代替が進みにくい。このほか、石油製品の原料として石油が約1500PJ利用されているが、これは、各種の機能性素材の原料であり、燃料としては計上していない。

　1965年の状況と比較すると、燃料の変遷がよくわかる。当時、石炭約1000PJ、石油約2300PJが使われていたのに対して、天然ガスはまだ利用されておらず、一部石炭ガスが約300PJ利用されていた。この50年で石炭の利用量はあまり変化しないが、石油の利用量は2倍程度増加している。50年前は大気汚染問題などにより、石油が急速に普及した時期である。石油の主な用途は産業の熱需要であり、自動車向けの需要は立ち上がったばかりで600PJ程度となっている。

　以上から、石炭、石油を天然ガスが代替したのではなく、石炭、石油の拡大速度が鈍り、3倍程度に拡大した。需要増加分の多くを天然ガスと電力が支えたことがわかる。ひとたび建設した燃料向けの設備は、投資を回収するために性能改善を繰り返しながら稼働を続ける、換言すると、過去の投資や産業形態が燃料転換を遅らせる構造が見て取れる。

　次に、燃料需要毎の代替性について考える。石炭は、電力需要の代替性は高いが、産業分野の熱需要が多く、特に製鉄の還元剤利用の需要は発電需要並みに多い。燃料転換を図るためには、還元剤として利用可能な燃料への代替が必須となる。その他の熱需要には、製紙工場、セメント工場で利用される微粉炭バーナー、石炭ボイラなどがあるが、老朽化施設も多く、更新時における燃料転換が期待される。

　石油については、火力発電所の80％程度が1960年代、1970年代に運用開始された耐用年数を超えた古い施設である。石炭火力、天然ガス火力が継続的に設備更新を行ったのに対して、石油火力の更新は石油危機以降、途絶えることになったからだ。石油の発電需要は、今後も自然減するため代替性は高い。一方で、自動車燃料の需要は3000PJに達しており、これを代替するためにはエコカーのみならず、日本中に数万カ所あるガソリン

スタンドに代わるインフラをつくらなくてはならない。量的にも、代替困難性からも今後の燃料転換で最も注力すべきは自動車向け需要ということになる。

　天然ガスの熱需要は、産業に約300PJ、業務に約400PJに留まっており、このうち半分程度が自家発電に利用されていると言われる。家庭向けに600PJの熱需要がある。一方、発電向けは約3400PJあり、圧倒的な需要となっているが、発電向けの需要は、技術的には代替しやすい。また、家庭向けの需要は、調理や暖房などの機器の更新が必要になる。以上から、天然ガスについては当面、発電と自家発電を合わせた需要が燃料代替の対象となり、業務や家庭の需要約1000PJは設備更新に合わせて代替していく対象となる。

熱エネルギーの低炭素化をいかに進めるか

　日本再生可能エネルギーの導入政策が積極的に展開されるようになったのは、石油危機が起こった1970年代である。1974年に石油依存からの脱却と多様なエネルギーの活用を目指し、サンシャイン計画が立ち上がった。中核となったのは太陽光発電であり、風力発電、バイオマス発電などが続いた。日本は、技術開発に注力したが、ドイツは、1992年に再生可能エネルギーの買取制度、2000年にFITを導入し、世界的な再生可能エネルギー市場となった。日本でも、2009年に家庭用太陽光発電の余剰電力買取制度、2012年にはFITが導入された。FITは、世界70カ国程度に普及し、太陽光発電、風力発電のコストが急速に低下し、コモディティ化した。これらの再生可能エネルギーの殆どは、電力需要向けで熱や動力の代替は進んでいない。現在、電力向けの一次エネルギー需要は約7000PJであるのに対して、熱利用の需要は約5000PJ、動力用は約3000PJある。エネルギーの低炭素化を進めるに当たって当面、最大需要である電力需要向けの対策を立てることは重要だが、熱や動力への燃料代替も避けて通れない。

　ヒートポンプは熱供給をある程度代替できるが、供給できる熱は、せい

ぜい百数十度であり、数百度の産業用の熱は代替できない。最大級の熱需要である製鉄については、電気炉を拡大することも可能だが鉄鋼需要の多くを賄うことはできない。また、製紙やセメントなど素材産業向けの熱需要もある。本格的な低炭素化のためには、産業需要を賄える燃料代替が不可欠である。

　熱需要を賄える再生可能燃料には、木質チップなどの固形バイオマス燃料、バイオエタノールなどの液体バイオマス燃料、バイオガスなどの気体バイオマス燃料、再生可能エネルギー電力による水素燃料などがある。

　これらの燃料を比較すると、バイオマス由来の燃料は、化石燃料に組成が近く、従来のインフラを活用できる。特に気体バイオマス燃料は、分子量が小さく高密度化している、気体燃料であるため反応が安定化してエネルギー効率を高められるなどのメリットがある。また、液体バイオマス燃料は、従来構造の自動車に利用できる。ただし、バイオマスのように、広く薄く分布する燃料を産業や生活に合わせて生産するのは容易ではない。管理を間違えれば、16 〜 17世紀に森林枯渇を招いたのを同じ事態になりかねない。

　再生可能エネルギー水素は、国内では現状太陽光や風力の変動吸収のために生産される程度に留まっているが、発電コストの安い海外で大量生産し、流通する仕組みをつくれば、量的な拡大が可能である。大量生産によってコストが低下すれば、有効なエネルギー源として期待できる。

天然ガスのさらなる需要拡大

　天然ガスは、技術的には自動車、船舶、飛行機などの内燃機関に適用することで高い効率、環境性を実現することができる。世界的な天然ガス車の普及状況を見ると、図表2－29のように、保有台数は2000年以降年間200万台のペースで増加し続け、2016年時点で2400万台に達している。世界のEVの普及台数300万台の8倍の規模だが、増加しているのは発展途上国や新興国が中心だ。大気汚染が深刻でエネルギーインフラが整備段階

図表2-29　世界的な天然ガス車の普及状況

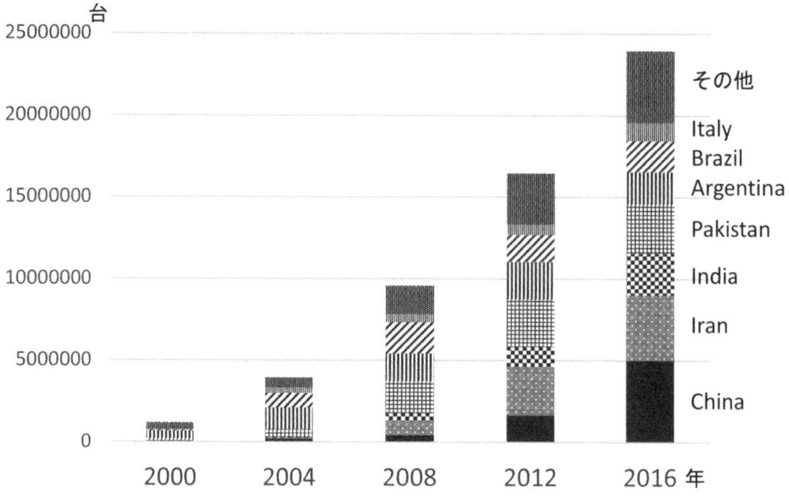

出所：NGV Global 資料を基に筆者作成

　にある新興国、途上国では、クリーンな移動手段が導入されているのだ。日本など経済協力開発機構（OECD）諸国で天然ガス車が普及しないのは、天然ガスそのものに原因があるのではなく、既に整備されているガソリンエンジンのインフラからの転換が進まないレガシーシステム問題にある。

　天然ガス自動車の例からもわかるように、新たな燃料のインフラを整備するには、レガシーインフラに見切りをつけるに足る新たな社会ニーズが必要である。石油が自動車や飛行機の普及の原動力になったような構造である。

　天然ガス時代の普及を後押しする革新的エネルギー技術として挙げられるのが燃料電池である。燃料電池は、内燃機関などと異なり、ナノテクノロジーを活用した化学反応によりエネルギーを生み出す。内燃機関が蒸気機関時代からエネルギー設備を小型化させたように、燃料電池は発電設備を一層小型化、高効率化する。

　燃料電池は発電機なので、動力として利用するには、モーターと組み合

わせる必要がある。自動車であれば、従来エンジンが車軸を駆動したのに対して、発電した電気を一時的に蓄電したあとモーターを駆動する。ガソリンエンジンの熱効率は、一般に15〜20％程度、シリーズハイブリッド方式が20〜25％、燃料電池を使ったシリーズハイブリッド方式では、固体高分子型燃料電池（PEFC）で30％程度といわれる。今後、固体酸化物型燃料電池（SOFC）が導入されれば、35〜40％程度の効率性が実現されると期待される。従来、FCVではPEFCが搭載されてきたが、近年では、負荷変動に強く、数分で立ち上がるSOFCも開発されており、FCVへの搭載が期待される。

　今後、一層の小型高効率化が進めば、家電やパソコンに搭載することも可能となる。広域大規模集中型の電力システムより熱効率が高いので、人口減少に伴う電力インフラの再編や、スマートシティのような電力需要が集中する地域での電力システムとして評価される可能性もある。

燃料革命を阻むレガシーシステム問題

　最近、エネルギー革命の本命が水素であることに対するコンセンサスが再び高まりつつある。にもかかわらず、水素への転換が緒に就かないのは、レガシーシステム問題によるところが大きい。レガシーシステム問題の要点は、①既存インフラの転換、②既存燃料とのコスト比較、③既存事業者の判断の3点である。

①既存インフラの転換

　既存インフラの転換に関する問題は、新たな燃料の需要がまとまるまでの時間がかかること、新たな燃料の供給体制をつくるのに時間がかかること、既存インフラの耐用年数が残っていることに分解できる。

　水素の需要として当面期待されるのは、天然ガスコンバインドサイクルに水素を混入する水素発電、工場の熱需要、燃料電池を使った分散電源などである。こうした需要に対して新しいエネルギーシステムが導入され、

社会に根付くまでには、導入の検討から施設整備までに20年程度はかかる。FCVは、水素ステーションの整備とFCVの導入が必要なので、過去のガソリン自動車の実績から考えても、それ以上の時間がかかる可能性がある。

　既存の天然ガスコンバインドサイクルを水素混焼型に移行するには、耐用年数どおりに更新すれば20年以上の時間がかかる。一方、工場の設備や燃料電池は、更新サイクルが比較的短いが、大量に普及するには時間がかかる。

　移行期間が長く、普及する時期が見えにくいと、企業は投資に躊躇せざるを得ない。エネルギー転換のように長期を要する技術革新に対して企業の投資を促すために欠かせないのは、信頼性のあるロードマップだ。ゆっくりとしたスピードでも市場が確実に立ち上がり、将来的には大きく広がると信じることができれば、企業は未来のイメージを持って、実現に向けて投資することができる。

②既存燃料とのコスト比較

　新たな燃料は、常に既存燃料とコスト比較される。化石燃料は、新たな油田、ガス田の発見や国際情勢の影響を受けながらも、一定の価格幅を持つ市場で取引されてきた。そのため長い時間をかけてインフラがつくられ、そのコストが回収されてきた。これに対してまったく新たな燃料は、大量に生産、運搬するためのインフラが整備されておらず、需要も安定していないから、既存燃料とは比較にならないくらい価格が高くなる。将来の価格を予想しても、社会的に普及するまでのさまざまなイノベーションや企業間競争の影響を含むことができないから高めになる。特に水素は、化学製品として取り扱われ、燃料に比べて小口、高値で取引されており、既存の燃料の価格と比較するのは難しい。

　また、太陽光発電などの再生可能エネルギー電力から生成した水素を正当に評価するには、化石燃料などに要する温暖化対策のためのコストを考

慮しなくてはならない。

　こうした新たな燃料のコスト問題を解消するためには、2つの取り組みが必要だ。ひとつは、普及段階でのコストを想定したロードマップを作成し、現状コストとのギャップを政策的な枠組みで埋めることである。もうひとつは、諸外国と連携するなどして、市場規模と競争環境の拡大を図ることである。太陽光発電が発電端で最も安い電源となったのは、グローバルな市場と企業間競争があったからである。

　具体的には、水素を将来のエネルギーシステムに位置付けようとする複数の国と連携して、共同の技術開発、実証試験、需要開拓を行うのである。そうすることで研究開発や実証試験のための重複投資が減り、需要先のバリエーションが増え、特定の需要セグメントの規模が大きくなる。それと並行して企業間の技術開発や事業開発面の競争を促す。太陽光発電に代表される中国の成功は、政策投資と企業間競争の絶妙な組み合わせの賜物である。一方、日本では、国が中心となってコスト削減などのロードマップを描いても、うまく実現できないことが多い。そのひとつの原因は、事業化段階になっても、企業が国主導の計画への依存心が捨てきれず、アニマルスピリットを持てないことにある。官民ともに強い姿勢で臨まなければロードマップは実現できない。

③既存事業者の判断

　企業が化石燃料などのために整備したインフラを新たな燃料向けに更新するためには、大きなリスクテークが必要になる。

　水素を最も簡単に導入できるのは天然ガスとの混焼である。代表的なのは、天然ガスに水素を20％以内で混入するコンバインドサイクル発電である。発電プラントの中に水素供給の設備を整備すれば、既存の設備で水素を利用することができる。

　次に容易なのは、需要側設備の更新に合わせて水素を利用できる仕様に転換することである。工場の自家発電設備を燃料電池に代替したり、加熱

炉の燃焼条件を水素用に調整したり、発電プラントであれば、天然ガスコンバインドサイクルを20%以上の水素を混入できるように改造したりする。都市ガスは、1960年代まで水素を50%程度含む石炭ガスを使っていたので、水素混入の経験は豊富だ。ただし、ガスを利用する側では、ガスの組成が変化すると機械の設定の変更などが必要となる。

　最後は、水素ステーションのような新たなインフラ整備を伴う利用である。FCVは、普及する前にインフラが整備されていることが前提となるため、官民双方に巨額の投資判断が必要になる。過去にも、天然ガス車は、コスト面でも環境面でも十分なメリットがあったのに普及しなかった、という経験がある。既存のガソリンスタンドに天然ガスの供給設備を同居させるエコステーション化の見込みが立たず、天然ガス車は普及しなかった。これに対して1950年代以降、ガソリンスタンドが急拡大したのは、アメリカに巨大な自動車市場があり、ガソリン自動車を供給するインフラがあったからだ。2000年代以降、日本では、自動車の台数が減少してガソリンスタンドは経営が厳しくなり、新たな投資が進みにくい状況にある。日本に限ったことではなく、OECD諸国全般の傾向である。これに対し、中国など経済が急成長している国では、新しいインフラの整備が進みやすい状況にある。次世代燃料向けのインフラ開発を新興国が主導する可能性が出てきている。

　こうした状況に対処するには、水素社会に向けた最も効率的なロードマップを見出すしかない。投資負担の大きさに躊躇していると、新たな燃料時代のインフラ市場の主導権を新興国に譲ることになる。水素社会は、早くから我が国が掲げてきたビジョンである。家庭用燃料電池やFCVで先行したにも関わらず、市場を勝ち取れなければ、先行した投資が回収できなくなる。新たな燃料市場におけるポジションの確保は、譲ることができない大命題だ。

気体燃料の時代

　水素社会に向けたパスとして必要なのは、水素の普及を阻む条件を回避するためのステージを位置付けることである。すなわち、レガシーシステムの問題に対応した①既存インフラを利用することができ、②普及当初の割高な水素燃料の影響を緩和し、③既存事業者が過大な投資判断を負わないことである。そこで重要になるのは、既存の燃料インフラを活用できる範囲で水素を混合する、混合気体燃料の時代を水素社会に向けたロードマップの中に明確に位置付けることである。具体的には、天然ガスを中心とした燃料に水素を混合した気体燃料の時代を水素社会に向けた前提とする。

　水素導入の流れは、「改造負担の小さい分野」から始め、「既存設備の更新時に燃料電池への転換が図れる分野」、「新たな設備設計が必要な分野」、「新たな社会インフラが必要な分野」へと拡大し、最終的な水素社会を目指す。

「改造負担の低い分野」の代表は、水素と天然ガスを混合したガスタービン・コンバインドサイクル、ガスエンジンなどへの水素混入である。コンバインドサイクルは、電力インフラ向けに政府主導で検討されている。水素の混合比率が20％程度までなら既存の天然ガスコンバインドサイクルを使うことができ、新規投資を水素供給設備に集約できるので、燃料システムとしての改造負担が小さい。ガスエンジンは、従来から木質バイオマスの乾留ガスを燃料にできる機種がある。水素含有量20 〜 40％の燃料にも対応できるため、バイオマスガス、天然ガスを既存のエンジンで水素混焼することができる。コンバインドサイクルに比べて小型で一設備の水素需要量は小さいが、台数が多いので広いエリアへの展開が可能で、燃料コストが高い地域を選んで早期の普及を図ることができる。

「既存設備の更新時に燃料電池などへの転換が図れる分野」の代表例は、工場・業務施設向けの自家発電設備である。工場、業務施設向けの燃料電池については、天然ガスを燃料とするシステムの販売が始まっている。業

務用では、SOFCを用いたモノジェネレーションで発電効率60％超、マイクロガスタービンと組み合わせたコージェネレーションで発電効率50.2％（実績54％）、総合効率75％を達成している。いずれも200～300kW程度の小型の設備だが、大型発電所並みの高効率が得られるのが燃料電池の特徴だ。燃料電池の発電効率はガスエンジンを既に上回っており、今後も技術開発が進むことから、工場の自家発電の更新に合わせて「工場・業務施設向けの燃料電池コージェネレーション」への代替が進むことが期待できる。燃料電池への代替が進むと、燃料電池の高効率、電熱併給による総合効率の高さ、価格低下、水素供給網の拡大に伴い、分散電源による電力供給が進むようになる。

「新たな設備設計が必要な分野」の代表例は、工場、業務施設、家庭での熱利用である。工場の熱利用は、「日本のエネルギー需給と燃料の代替性」の項で示した天然ガスを用いた加熱炉などへの水素の混入などである。天然ガスボイラは、特定の熱量の燃料が供給されることを前提に効率を極限まで高めるように設計されているから、水素を混合するためには、設備改造のための開発投資が必要になる。その意味で、一定比率以下なら既存設備が使えるコンバインドサイクルと違い、既存施設の改造を促すための政策的な枠組みが重要になる。業務施設、家庭の熱利用は、工場向けの水素供給が一定程度普及した段階で、都市ガス導管もしくは水素専用導管を利用して普及することが想定される。並行して、ガスコンロなどの厨房機器、ガス空調機器を水素混入が可能なように改造することが必要になる。小規模な需要家が多く、新規設備への投資負担には限りがあるため、普及には時間がかかる。

「新たな社会インフラが必要な分野」の代表例は自動車である。燃料電池自動車の普及には、水素ステーションの整備が欠かせない。そこで、工場や業務施設など向けのインフラを活用できたり、水素ステーションを共用できたりすれば、水素ステーションの整備負担が相対的に軽減する。水素社会における水素ステーションは、車だけでなく地域の水素供給に使われ

ることになる。地域として水素を利用するようになれば、現在の水素ステーションのように液体水素にして貯留する必要がなくなるので、設備を簡易化できる。

　水素と一口に言っても、さまざまな生成プロセスがある。代表的なのは「国内の副生水素」、「海外の低炭素水素」、「国内のP2G水素」、「海外のP2G水素」がある。

「国内の副生水素」は、化学プロセスなどから生成され、現在流通している水素である。量的には限定されるうえ、化学プロセス自体の原料が化石燃料なので、プロセス内で按分しても二酸化炭素を一定量排出する燃料である。「海外の低炭素水素」は海外の褐炭などから水素を取り出し、発生する二酸化炭素を海外でCCS（Carbon dioxide Capture and Storage）によって封じ込め、実質的に二酸化炭素を発生させなくする水素であり、近年利用に向けた取り組みが進められている。「国内のP2G水素」は、国内で太陽光発電などの余剰電力を用い、水電解して生成した水素である。国内の再生可能エネルギーの発電量が少ないうえ、余剰の再生可能エネルギー電力の有効利用に留まるので、量的には限定される。「海外のP2G水素」は、海外の大規模なソーラーファームなどの電力を用いて水電解で生成した水素である。投資負担が大きく普及に時間がかかるが、将来的には燃料革命の3つの条件を満たす最も有望な燃料である。本格的な水素時代の燃料の本命と言える。

　こうした各種水素の利用形態の発展プロセスは次のようになる。まず、「国内の副生水素」の一部により、水素需給のシステムがつくられる。次に、化石燃料から生産された「海外の低炭素水素」を使うための国際水素サプライチェーンがつくられ、当該水素が部分的に使われる。これと並行して国内の太陽光などの再生可能エネルギー設備拡大に伴い、P2G設備が整備され、「国内のP2G水素」が使われるようになる。しかし、量が限定されるうえ、国内の再生可能エネルギー設備同様に広く薄く分散配置されざるを得ないので、まとまった量をサプライチェーンに乗せることが難し

い。結果として「国内のP2G水素」は、P2G設備が設置された地域の工場、業務施設などで使われることになる。「海外の低炭素水素」の供給を皮切りに供給元の国との連携を深め、並行して国内でのサプライチェーンの活用度を見定め、「海外のP2G水素」生産のために供給元の国の適地に大規模な再生可能エネルギー発電＆P2Gファームの整備を開始する。再生可能エネルギー発電＆P2Gファームは、初期に供給元国内向けの水素を生産し、日本国内の需要の拡大に合わせて日本への輸出枠を増大する。

　こうしたプロセスを踏むことで、既存のインフラを活かしつつ、短期的な投資の集中を避けて、水素社会への移行を図ることができる。既存事業者の事業資源をリスペクトし、無理のない形で更新を図るプロセスが合意されることで、新たな燃料革命が実現するのである。

　究極の水素燃料時代への移行を図るためには、ここで述べたような「何の（What）燃料を、いつ（When）、どこで（Where）、どうやって（How）、どのくらい（How much）活用するか」具体化したロードマップを描いたうえで、関係者と幅広く認識を共有し、設備更新、技術開発、インフラ整備、環境価値などの社会システムの導入などを進めていく必要がある。

（3）エナジーデータ・　　トランスフォーメーション

職人の勘からデータ起点の制御へ

　20世紀から21世紀にかけてエネルギー関連設備（発電設備のようなエネルギー供給設備、エネルギー消費設備双方を含む）の制御機能は、飛躍的な進歩を遂げてきた。まず、エネルギーの供給側から見ると、最も古くは、発電機やエネルギー消費設備の状況を目視で確認しながら、設備の運転者が手動で設備を制御していた。この段階では、①制御の場所は現地、②制御の基となるのは、熟練者の五感が取得する情報、③情報をキャッチする

図表２−30　　20世紀中盤のシステム転換

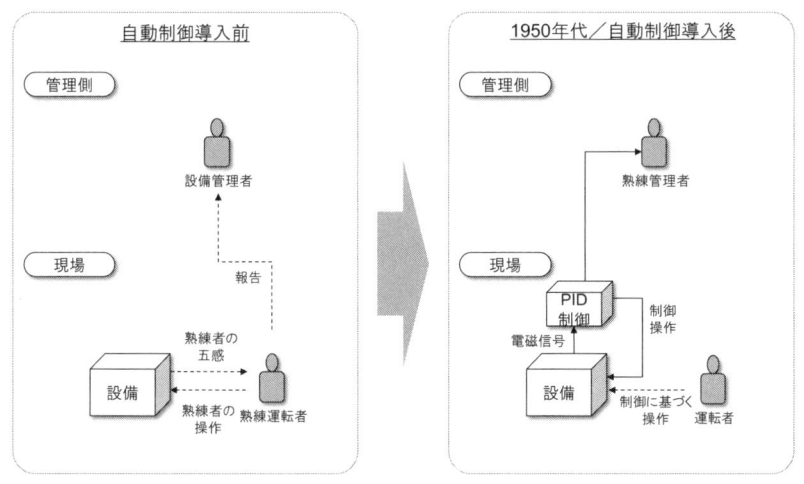

出所：筆者作成

　のは、熟達した運転者、④設備を制御するのも熟達した運転者ということになる。

　20世紀に入ると、早くもフィードバック制御の理論が構築され、その基礎となるPID（Proportional Integral Differential Control）制御機器の原型が開発される。以降、二度の世界大戦を経て、制御理論の研究が進んだのに並行して、設備の状態を電磁信号で把握して見える化する電磁リレー方式や、そこから得られた情報に基づいて定められた順序で設備を制御するリレーシーケンスの仕組みが構築された。この段階では、①設備の状態がデータ化されたことで、制御の場所は現地に限る必要はなくなったが、②制御の基となる情報は、当時の電磁信号技術で取得できる範囲内の情報であり、制御機器がつくられる前に構築され、制御理論に基づいた測定対象の設備特有のアナログ情報であった。③情報取得者については、設備のデータを取得できるようになったことで、制御を司る設備管理者が必ずしも設備の運転者である必要はなくなった。④むしろ、設備の状態のデータ

化が設備を遠隔で作動させるための制御技術より先行したことで（操作は現地で行われていた）、制御担当者と現地での運転者の役割が分かれるようになる。

　いずれにしても、制御理論を実装するための仕組みができたことで、より洗練された理論の構築、高精度の制御機器の開発という相乗効果が生まれ、制御理論とそれを実現するための手法は飛躍的に進歩した（図表2 - 30）。1960年代になって発電設備の中心が水力から火力、さらには原子力に移っていった背景には、こうした設備制御の理論と実践技術の飛躍的な発展がある。つまり、制御理論が考案されてから、実に半世紀を経て実践されたことになる。それを可能としたのは、電磁リレーやシーケンスのような情報の取得方法の確立、伝達のための技術開発である。

人間を代替する制御システムの誕生

　1960年代になるとトランジスタが開発されたことで、PLC（Program-mable Logic Controller）によるPID制御が開発され、1970年代には、マイクロプロセッサによる最適制御が実装される。そして、1980年代に入るとエキスパートシステムが登場する。並行してさまざまな先進的な制御理論が構築され、これまで現場の専門人材に頼っていた技術的な処理がシステムに置き換えられるようになった。1990年代に入るとニューラルネットワークの理論も導入されるようになり、設備の制御の主力は、人力からシステムに大きく移行することになる（図表2 - 31）。

　この段階になると、①直接的な制御以外に設備の高度な制御や運転管理を行うシステムが、管理室やコントロールセンターに設けられるようになり、②制御のための情報は、設備に取り付けられたさまざまなセンサーから送られるようになった。高度な制御のために設備のさまざまな場所でデータが取得されるようになったが、センサーの性能や種類の制約で計測できる範囲には限りがあった。また、データの種類も設備ごとに分かれていたため、統合的なデータ分析にも限界があった。③そのため、データの殆

図表2-31　20世紀後半のシステム転換

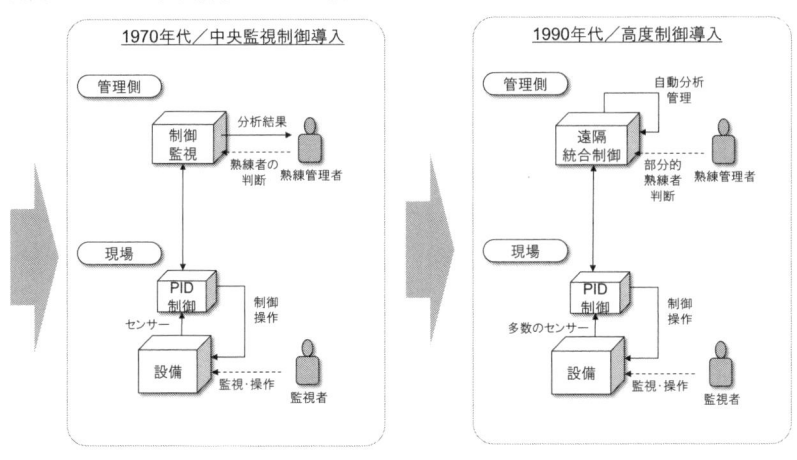

出所：筆者作成

どは自動的に取得されるようになったが、④データ化できない部分の判断やデータを統合的に分析した結果の判断など、熟練の管理者に頼る面が残された。この段階の制御の高度化を可能としたのはいうまでもなく、コンピュータの登場と有線による通信手段の発達である。

　1980年代までに形づくられた制御機能は、1990年代になりデジタル技術がさまざまな分野に浸透して半導体の飛躍的な発展を遂げると、分散型の制御へと進化する。並行してインターネットを中心とする通信革命が起こったことで、①制御は、ますます場所を選ばなくなり、遠隔での統合的な制御も可能となった。②制御情報の殆どは、設備に取り付けられたセンサーから自動的に取得されるようになったが、この段階でもセンサーの種類が飛躍的に増えた訳ではなく、センサーから送られるデータの量は限定されていた。③データ化できない部分については、依然として熟練者に頼る面があったが、④一方で、データのデジタル化が進んだことで、さまざまな設備から取得したデータを統合的に分析できるようになった。これによりデータの分析については、熟練者に頼っていた統合的な判断の一部を

汎用化することができた。

AI／IoTが実現する未来の制御

　1990年代からのデジタル技術やインターネットによるプラント、設備の制御の革新の流れは現在も続いている。それに加えて大きな流れとなったのは、2010年代になって顕在化してきたIoTによる変革である。IoTは、1990年代からの制御の革新の流れにセンサーと通信機能の飛躍的な進歩が加わったものと解釈できる。つまり、今までデータが取得できなかった部分の状態がデジタルデータ化され、送信できるデータの量と送信速度が大幅に向上した。これにより、①制御は、ますます場所を選ばなくなり、将来的には集中制御室のような機能すら不要になるかもしれない。②センサーの飛躍的な進歩、特に画像情報の取得・分析が容易になったことで、設備制御については、人間の五感はセンサーに概ね代替できるようになったうえ、制御のための情報は殆どが自動的に取得されるようになってきた。③熟練者のデータ取得のノウハウをデータ化が進めば、より精密な制御のためデータ取得を自動化することも可能となる。④設備制御のためのノウハウをシステム化できるようになると、設備制御でも熟練者に頼る面もなくなる。一方で、現場からのデータ取得や、その分析をシステムに頼るようになると、設備改善、革新をどのように図っていくかという別の意味での運営、経営面の課題が発生する。

　IoTによる設備制御の革新は現在進行形だが、今後の焦点は、a.センサーの性能（精度、範囲、コストなど）の向上、b.エッジ側機器を含めたセンサーへの給電、c.エッジ側機器とセンサーからのデータ送信、d.熟練者の役割を代替し得るデータの分析・AI化となる。ここで、a.については、画像、振動、変異、音、風向き、流量、温度・湿度、濃度、臭気など、あらゆる面でセンサーの機能が向上しており、データ取得については、熟練者の能力は代替されつつある。問題は、それを制御に活かすためのd.だが、熟練工の大量退職を前に彼らのノウハウをいかにAI化するかは、多くの

図表2−32　21世紀のシステム転換

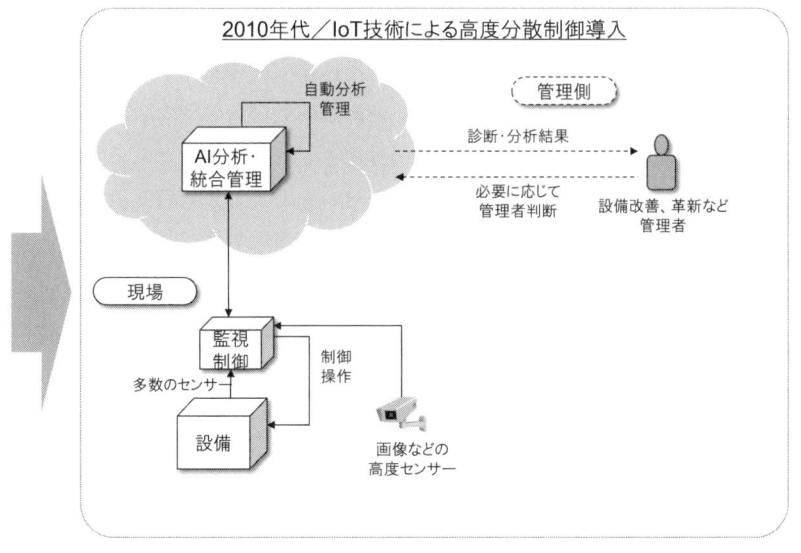

出所：筆者作成

企業が抱える大きな課題であるだけに着実に進んでいくはずだ。b.、c.についても、温度差や振動などによるマイクロ発電や超小型蓄電池、LPWAなどの技術が開発されつつある。加えて、5Gの普及も控えているので、給電やデータ通信のためのコストは大幅に削減される。

　こうして、発電プラントを含む設備制御の将来像は以下のようになる（図表2−32）。

・設備のあらゆるところにセンサーが取り付けられ、人間の五感を精度、範囲ではるかに上回るデータの自動取得が可能となる。

・取得されたデータは複数設備の共通基盤のうえで、これまでのノウハウを反映したAI機能により分析できるようになる。

・設備制御のシステムは適切なセキュリティがかけられたうえで、企業の他のシステムと共通の基盤上で運用され、場所と時間を選ばず統合的に制御できるようになる。

・統合的な制御に基づく分析結果を踏まえて、設備の運用ノウハウ、設計が改善される。

これらにより、これまで設備・企業ごとに閉じていた制御データ間の垣根がなくなり、熟練の専門家に頼っていた設備制御のノウハウはオープン化され、設備制御の状況は、管理者・経営者まで見える化される。結果として、個々の設備の改善は、統合的なオペレーションから得られる性能面の要請に基づいて行われるようになる。設備産業の立場から見ると大きな構造変化が起こることになる。

こうして見ると、PID理論が構築されてから実践できるようになるまで約半世紀、実践が始まってから今日までに約半世紀を経たことになる。本章で述べた燃料分野、送配電分野におけるハードウェアの進歩と比べると、制御技術の進歩のスピードの速さを改めて実感することができる。また、ハードウェアの進歩は、ある程度のレベルに達すると、理論限界に向けて進歩のスピードが鈍化するのが一般的だが、制御技術はむしろ、近年になって進化のスピードを上げているようにすら見える。それが、デジタル技術特有の現象ゆえなのか、制御技術の進化がまだまだ道半ばであるがゆえなのか定かではない。しかし、目の前に5Gをはじめとする革新技術が控えていることを見ても、当面の間広い意味での制御技術は、予想を超えたスピードで進化していくことになるのだろう。

家電の技術革新

上述したエネルギー関連設備の中には、エネルギーを消費する需要側の設備も含まれているが、以下では、我々にとって最も身近な需要側機器であり、今後エネルギーデータを語るうえで重要度を増す家電の技術革新を振り返ってみよう（図表2−33）。

家電は、戦前にもある程度普及していたが、本格的に普及するようになったのは、戦後の復興を果たし、高度経済成長が始まった1950年代である。三種の神器といわれた白黒テレビ、洗濯機、冷蔵庫だけでなく、ヘアドラ

図表2-33　家電の発展プロセス

	1950年〜	1960年〜	1970年〜	1990年〜	2000年〜	2010年〜
概要	<家電普及期> モータや電子機器内蔵の各種家電が一般家庭に普及 ・白黒テレビ ・洗濯機 ・冷蔵庫　など	<電子化期> トランジスタ普及で高度な機器制御機能が小型化 ・電子レンジ ・電卓　など	<マイコン導入期> プログラムが実行可能なマイコン搭載 ・ワープロ ・ビデオ　など	<デジタル家電期> パソコン並みのプログラム実行機能を持つ家電の普及 ・パソコン ・液晶テレビ　など	<ネット連動期> インターネットに接続してさまざまな情報処理機能を実現 ・スマートフォン (代表例iPhone)　など	<AI／センサ・高度化> 高度センサーを活用し、多量のデータ処理するIoT化実現 ・知能化ロボット (代表例ルンバ) ・美容・調理
① 制御	機械式制御	機械式＋電子式制御	全面的電子式制御	デジタル制御	インターネット連動の制御	AI制御
② 操作	ダイヤルなどの機械的操作	同左	スイッチやディスプレイ活用	リモコンや画面操作(飛躍的な向上)	外部端末でOS連動が可能に	大幅に自動化が進む
③ データ	利用者の記憶	同左	ワープロなど独自のデータ取得	履歴データ蓄積	履歴データ蓄積、データ活用	履歴データのみならずネット上のあらゆるデータを活用
④ 性能	人に依存ばらつき大	マニュアルなどでばらつき低下	選択式となりばらつきさらに低下	自分の好みに合わせて活用可能	複数機器制御の集約化	高度センサー、AIにより制御性能向上

出所：筆者作成

イヤー、トースター、テープレコーダーなど、アメリカ的な生活スタイルを演出するための家電が登場している。以降、日本の家庭は、家電に埋め尽くされることになる。

　この時期の家電は、①機械的な仕組みで制御され、②操作は現物に取り付けられたダイヤル式のメーターなどを手動で個別に操作し、③操作のためのデータは利用者の記憶に頼り、④操作の巧拙のばらつきも多かった。

　1950年代にトランジスタが家電に採用されるようになると、1960年代になって家電の小型化、高性能化が進んだ。また、電子レンジや電卓など電子技術を導入した新しい機能の家電が登場した。この段階で、①機械的な制御に電子制御が加わり制御が一層精緻化したが、②利用者の操作自体は、依然としてダイヤル式のメーターを個別に操作する、というものだった。③操作データは相変わらず利用者の記憶に頼るものだったが、④電子制御を活かすためのメーターやマニュアルが整備されたことで操作の巧拙のばらつきは減った。

　1970年代から1980年代は家電にマイコンが塔載され、一般の人達にとってもコンピュータが身近になった時代だ。ワードプロセッサやビデオな

ど今までにはなかった機能が家庭に導入されたが、それは同時に、データの入力、記憶、改編の自由度が大きく広がった時代でもある。①家電の殆どは電子的に制御されるようになり、②操作もダイヤル式からボタン式や画面上での選択式などにより多様化し、③ワープロやビデオなど独自のデータを作成できるようになったほか、④マイコンが用意した操作を選択できるようになり、家電によるアウトプットが均質化されるようになった。

　1990年代になると、家電にもデジタル技術が導入されるようになり、それまでに築かれたコンピュータ制御の技術が一層精緻なものとなっただけでなく、操作メニューの拡充などにより、家電の機能や利便性が向上した。リモコン操作が広く普及したのもこの時期だ。1990年代の後半になると、インターネット機能を備えたパソコンと液晶テレビが登場し、2000年代のデジタル技術の爆発的な発展につながっていく。①家電の殆どは、デジタル技術で電子的に制御されるようになり、②リモコンや画面上の選択機能により、操作の多様性と利便性が飛躍的に向上した。パソコンでは、ユーザビリティの高いアプリケーションが登場し、画面上でさまざまな機能を利用できるようになった。③パソコン、携帯電話などの履歴データを蓄積できる機器の位置づけが高まり、④利用者は自分の好みに合わせて機器を制御できるようになった。

　2000年代になると、家電の分野でもインターネット利用が本格化する。ネット上では検索をはじめとする多種多様なアプリケーションが利用できるようになり、家電の一部もネットに接続されるようになった。インターネットの影響力を決定的なものにしたのは、2000年代後半に登場したアップルのiPhoneだ。それまでもスマートフォンに分類される種々の端末が市場投入されていたが、個々の機種の機能の範囲内での利用されるケースが殆どだった。iPhone型のスマートフォンは、ユーザビリティを革新しただけでなく、世界中で開発されたアプリケーションを自由に使える窓口となった。一方、その背景では、電子機器を構成するデバイスの汎用化が進んでいた。こうして①スマートフォンを頂点としたインターネット連

動の制御が広がるようになり、機器内部のデバイスも共通化が進んだ。②操作は、外部端末で行うのが当たり前になり、パソコンやスマートフォンのOSに接続できるケースも出てきた。③結果として、利用履歴をデジタルデータとしてストック、トレースできる機器が増え、④利用者には、複数の機器の制御を手元の端末に集約できる可能性が高まった。

　2010年代になると、家庭にもロボットや高度なセンサーを搭載した家電が登場するようになった。iRobot社のお掃除ロボットルンバや、美容・調理分野の家電、あるいはスマートスピーカーなどである。高度な制御機能を有する電化製品を一般家庭が購入できる範囲の価格で販売できるようになったのは、センサーとAI機能の性能と経済性が大幅に向上したからだ。

　以上のような流れから今後、家庭の電化機器は次のように進化していくだろう。

- センサー、AIの機能がますます向上し、緻密かつパーソナライズされた家電の制御が可能となる。
- 各家電の操作に関する、インターフェースの共通化、音声などによる入力方法の多様化、スマートフォンなどによる統合化が進む。
- 機能の高度化で遠隔と家庭内制御の境目がなくなり、パーソナライズされた自動制御も可能となる。
- 家電同士、家庭の設備、自動車、他者の設備など接続性が高まり、併せてデータの共有化も進む。

制御機能が促したエネルギー関連設備の発展

　エネルギー関連設備の発展の歴史を見ると、制御機能の進化が大きく貢献していることがわかる。メーターのない時代、設備は熟練者の勘と経験で操作されていたが、アナログ式のメーターができると、熟練者でもメーターの針を見て運転するようになった。熟練者であっても、メーターの指針は運転の確実さを高めてくれる。運転の状況やノウハウを第三者に具体

的に伝えられるようになったことも大きい。これにより熟練者の頭の中に留まっていたノウハウが共有できるようになったうえ、記録として残すことが容易になるので、運転技術や設備設計の改善にも効果があった。その結果、組織的な運転が容易になるので、徒弟制でしか学べなかったノウハウを体系的に学べるようになり、組織として幅広い設備管理が可能になった。こうした傾向は、圧力、温度、流量など、メーターの種類が増えるほど顕著になる。

　メーターのデータを電気信号に変換できるようになると、設備から離れた場所でも運転管理ができるようになった。設備の傍から離れることで作業環境は改善され、技術者の視点が運転作業から運転管理に移行していく。さらに、電気信号を設備側に送り、機械的な機構でバルブなどを動かせるようになると、運転操作自体を設備から遠ざけられるようになる。こうして設備の運転は運転管理としての性格を一層強めることになる。それは、設備運転データを管理する仕事が独立したことにほかならない。シーケンス制御などで運転の一部が自動化されると、データ管理としての性格は、さらに強まる。設備運転のデータが収集できるようになると、設備のインプット、アウトプット双方のデータを管理できるようなるので、設備の生産性がわかるようになる。それは、設備設計の改善の現場からのフィードバック機能を高めた。

　ここまでの流れで、設備の運転状況のデータ化は、作業環境の改善、設備管理という新しい仕事の創出、生産性の改善、さらには設備設計の改善という効果を生み出しきたことがわかる。一方、データが得られるようになったことで机上論であった理論が立証され、新たな理論を生み出すことにつながった。それが設備管理に新たな視点を与えるのだから、データは、設備関連理論の進化の基盤になってきたといえる。

デジタルデータがもたらした市場の革新
　アナログデータの時代は、データ分析に膨大な手間を要したうえ、複数

の設備のデータの統合的な分析にも限界があった。コンピュータの性能の限界もあり、アナログ時代のデータ管理、データ分析は、個々の設備改善と運転管理に留まる傾向が強かった。こうした壁を破ったのがデジタルデータの導入である。データがデジタル化されることでリアルタイムの分析が可能となり、それが設備の自律的な運転の発展を促した。また、デジタル化されたデータは互換性が高いので、設備の群管理や統合的な最適管理が可能となった。さらに設備稼働の適用範囲の拡大や多様なインプットに対応することも可能となり、それがまた新たな最適化理論を生み出すという好循環が生まれた。

　こうして、アナログデータの時代に培われた個別設備の管理技術は、デジタルデータの時代となり、個別設備の壁を超えて統合管理の最適化へと進化した。並行してエネルギー関連設備から得られるデータは、工場管理者の複数の設備ないしは工場全体の管理業務をサポートするようになる。それは、生産ラインや工場の設備の安定した効率的な操業を支えるようになる。

　こうしてエネルギー関連設備の制御がシステム面でも管理体制の面でも進化したところに、インターネットを中心とする高度通信基盤が登場し、離れたところからでも複数の施設のエネルギーデータを管理することができるようになった。これにより、離れた場所からも個々の設備の稼働状況や工場の操業の状況を把握することもできるようになった。一方で、この段階でも設備の詳細な状況の把握や運転については、依然として工場などの設備が立地する現場に委ねなくてはならなかった。収集できるデータが人間の五感を代替できるには至っていなかったうえ、遠隔からの運転のための技術や通信基盤が十分でなかったからである。結果として、高度通信基盤は、操業の有無や異常検知などの把握に使われるに留まったが、一方で、工夫さえすれば、エネルギー関連設備から得られるデータで複数の工場を管理することも可能となった。

センサー革命が実現したIoT

2010年代になって顕著になっているのは、センサー革命を背景とするIoTブームだ。センシングできる範囲が広がり、センサーの性能と経済性が向上したことで、あらゆる設備に多数のセンサーが取り付けられるようになりつつある。例えば、火力発電設備であれば、燃料投入量、燃焼温度、発電量、排気ガスの状況などの発電ラインに絡むデータだけでなく、重要部の振動、変位、音など、これまで人間が点検時に五感に頼って把握していた情報も取得できるようになった。画像データの分析、通信のための技術、コンピュータ基盤が進歩したことで、今後は画像データを使った設備管理が普及する。さらに、5Gの普及などで通信環境が革新されると設備から取得されるデータの種類と量は飛躍的に拡大する。

これは、エネルギー関連設備からエネルギー生成過程に加えて、設備の操業状況などのデータが、現場にいるのと同じような精度で、リアルタイムに取得できるようになることを意味している。その結果、データは熟練の技術者が目、耳、鼻、肌、触感で感じ取っていた情報の範囲を超え、精度においても上回ることになるのは間違いない。かつて、製造技術で起こった熟練作業者の技術のデータ化、自動化と同じことが設備の管理運営でも起こる。エネルギー関連設備の状況を確認するために現場に足を運ぶ必要はなくなる。

一方、操作の側でも、アクチュエータやロボティクス技術の進歩により、距離に関係なく高い精度で設備を運転できるようになった。こうしてほどなく殆どの設備は、距離に関係なく遠隔から運転操作できるようになる。人間の仕事は、設備の運転計画の策定、データ分析の結果に基づいた設備の運転管理・監視、異常時や緊急時の対応、メンテナンスの手配、更新などのためのデータの抽出や計画づくりなどとなる。

都市データセンサーとなる設備

センサー、通信基盤、コンピュータの性能と経済性は、今後も向上を続

けるので、設備の無人化、運転の遠隔化・自動化はますます進む。火力発電所であれば、燃料の受け入れ・投入、燃焼、タービン・ボイラなどの稼働、排気ガスといった発電に関わるラインだけでなく、構造体としての健全性、建物の老朽度、侵入者の有無など発電に直接関わらない部分についても、各種のセンサー、固定カメラ、ドローンのような移動カメラなどにより状況が把握されるようになる。オフィスビルであれば、自家発電機や空調システム、通信システム、エレベータ、照明などの詳細な稼働状況、建物のメンテナンスやセキュリティの状態などが遠隔からデジタルデータベースで把握できるようになる。設備のメンテナンスについても、ソフトウェアは、すべてオンラインメンテナンスになるし、清掃も相当部分が自動化されるだろう。

　こうして、あらゆる設備が無数のセンサー、カメラ、自動化装置を備えた巨大なロボティクスになる。それらが、さまざまな生産活動、業務、生活に関わり、データを出し続け、数多くの設備がネットワークされて都市機能を構成することになるので、設備は巨大かつ多様な都市データセンサ

図表2－34　設備データ管理と都市データセンター

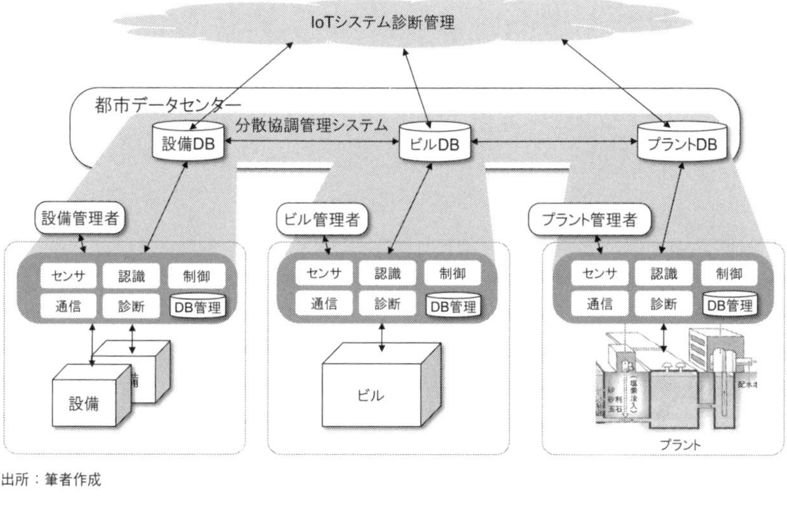

出所：筆者作成

ーとなるのである。データが、次世代の石油、というほどの価値があるのなら、都市データセンサーとしての設備から得られるデータを誰が、どのように活用するかが問われることになる。

　現状では、都市データセンサーとなるべき設備は建築物ごとに管理されている（図表2 − 34）。例えば、多くのビルやマンションを販売・維持管理している不動産会社だ。大手ゼネコンも同じような立場にある。ただし、多くの場合、実際に建物を管理しているのは、不動産会社やゼネコンの子会社、下請け的な立場にあるビル管理会社だ。複数の建物を横通しで実質的に管理し、ここで述べているようなデータ管理ができるのは、大手のファシリティマネジメント会社である。工場や発電所のような産業設備の場合、所有者である企業や電力会社が設備を維持管理している。企業には、自社の設備を管理するための管理部門があるし、電力会社は、設備の運転維持管理が本業のようなものだ。一方で、そうした企業や電力会社に設備を供給するメーカーは、所有者を横通しで設備のデータを管理している。

構造変化する設備管理の市場

　従来の建物単位、所有者単位あるいはジオグラフィカルな設備の維持管理の在り方は、AI ／ IoTの時代には遅れた考え方になる。例えば、オフィスビルが健全に維持管理されていることを確認する場合、躯体の安全性を除けば、照明、空調、エネルギー設備、エレベータ、通信機器などの設備・機器が正常に機能しているかどうかが最も大きな要素になる。安全設備を含めて多くのセンサーが配置されるようになれば、これらが正常に機能しているかどうかも重要になる。ビルの性能は、設備に依存する面が多くなり、稼働、神経機能を担っている設備こそ維持管理の最も重要な対象になる。AI ／ IoTの時代には、こうした機能を、それに関する専門的な知見、技術を持った企業が建物横通しで担うようになるのだ。

　設備、建物から発生するデータは所有者、利用者にとって重要情報である可能性が高いから、情報管理に専門的な体制を有した事業者が横通しで

管理したほうが、信頼性が高くなる可能性もある。昨今、世界中でエネルギーマネジメントシステム、Maasをはじめとする先進的な都市機能を備えた次世代型スマートシティへの注目が集まっている。日本でもスーパーシティと銘打って事業を推進することになったが、これらの事業は、まさしくこれまでの所有やジオグラフィカル的な観点による設備、建物管理が機能横通し型の管理へ転換することを示唆している。それは、都市や設備の管理、運営市場における企業のポジショニングの転換をも意味している。

　エネルギー事業者にとって重要なのは、AI／IoTの時代の横通し、管理の対象となる設備・機器は、例外なくエネルギーの供給か需要のための設備・機器であるということだ。自らが有する発電施設や送配電施設が都市データセンサーであり、省エネなどのサービスで関わる施設が膨大なデータを発するようになる、という状況がAI／IoT時代のエネルギー事業者を取り巻く環境なのだ。

生活センサーとなる家電

　家電の領域に目を転じると、設備分野に劣らずデータ化が進んでいる。1990年代にデジタル化や遠隔操作、2000年代にネットワークが広がり、スマートフォンのようなパーソナル端末が普及した。これまでテレビ、ビデオ、エアコン、照明などによってバラバラだったリモコン端末は早晩、携帯端末上のアプリに集約され、アプリを通じて家電ごとに操作され、稼働履歴のデータを閲覧できるようになる。

　かつて「家電の王様」といわれたテレビは、テレビ局がつくったコンテンツを規制によって割り当てられた回線を通じて視聴するための装置であった。音楽、映像などのリソースがクラウドに大量にストックされ、情報ネットワークでつながれると、家庭の中でも王者の座はスマートフォンに奪われた。テレビに残された付加価値は、パソコンやスマートフォンは及ばない画像性能だけということになるが、それさえもバーチャルリアリティ（VR）などの技術が進歩すると維持できるかどうかわからない。

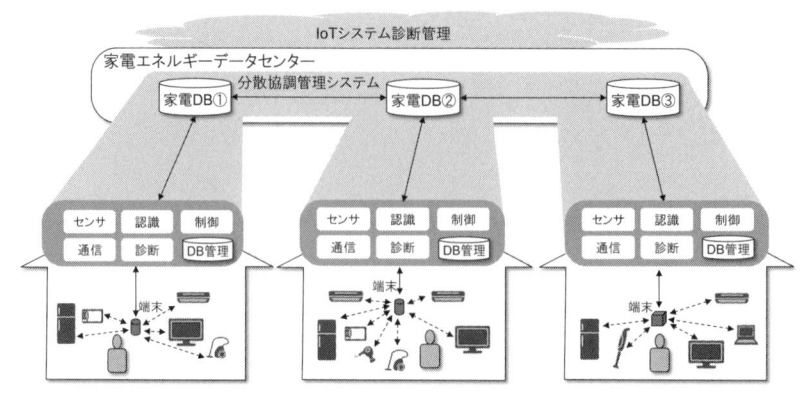

出所：筆者作成

　2000年代末から2010年代には、半導体の性能と経済性の向上を背景に、家庭の中にもロボットが参入した。設備の分野で遠隔操作が可能になった変化が家庭でも起こる。

　これらの結果、近未来の家電の世界は、①制御のためのデバイスと操作ロジックの共通化が進み、②すべての機器の操作はスマートフォンか、それに類する端末（スマートスピーカーを含む）に集約され、③個人ごと、機器ごとの利用データが蓄積・分析され、利用者間でもデータ分析の共通化が進むようになり、④利用者は、自分にあった利用方法を処理の程度、時間、頻度などから多面的に選択できるようになる。家電ごとに分断されていた操作が利用者を中心に横通しされるのである。そこから逃れられるのは、食材、衣料など物理的な移動を伴うものだけに限られるようになる。

　我々の生活は、朝起きてから寝るまで家電と関わっている。これからは、ウェアラブル機器で睡眠中も電化製品のお世話になるかもしれない。家電の稼働履歴のデータは、我々の生活を詳細にトレースする。いつ家に帰ってきて、何時にテレビをつけ、冷蔵庫からどんな食材を出し、どのくらいの時間かけて料理をし、どんな番組のテレビを見て、空調を何度くらいに

設定したかといった情報は、それを取得、分析しようがしまいが、家電から発生されるようになりつつある（図表2－35）。

データリソース化する自動車

　これからは、エネルギーの巨大な消費源である自動車もデータリソースになる。CASEは、Connected, Autonomous, Share & Service, Electricといった、これからの自動車市場の変革の要素の頭文字をとった言葉だが、これらすべての要素がデータに関係する。最も早く実現すると思われるConnectedでは、スマートフォンやパソコンなどをつなぐインターネットの世界と車の中の情報の壁がなくなる。その分、車の中での行動履歴や走行履歴のデータが一般のネットワーク上で利用可能な状態になる。Autonomousでは、走行履歴だけでなく車の各部の動作状況のデータが車内ないしはクラウド上に蓄積されることになる。自動車の制御は、既に運転者とデータの協働になりつつある。Share & Serviceでは利用者側、サービス提供側双方でデータが生まれる。これにより、移動手段という価値を提供する主体はデータを取り扱う業者に変わる可能性がある。Electricについては、最も高価で重要なパーツである蓄電池を維持するために、EV先進国の中国では充電状態や劣化状態がデジタルデータでトレースされている。自動車は、本体の性能とネットワークのサポートによって、機器の価値が表現されるようになる。そして、EVやPHVは、電力の大きな需要先になる。

　今後、個人データの扱いに関する規制が強まるから、端末に集約されたデータを安易にビジネスに利用できる訳ではない。これまでのメガプラットフォーマーのように自身の収益のために個人データを一方的に取得、利用することは許されなくなる。しかし、高齢者のサポート、健康支援や医療、セキュリティのように、個人にとっても社会にとってもトレース、分析することで価値が生み出される個人データもある。Google、Amazon、Facebook、Apple（GAFA）に代表されるようなIT大手のデータの一方

的な営利利用については、世界中で規制が強まる一方、こうした個人、社会に有用なデータについては活用が進んでいく。情報銀行のような個人データの安心で有効な活用のための社会的なインフラづくりも始まっている。

AI／IoT時代とは、今まで情報を発することのなかったモノや人から膨大な量のデジタルデータが創出される世界である。その結果生まれるデータの量は、モノや人とデータが直接結びつかなかった、これまでのインターネットの世界とは比べ物にならないから、これまで以上に大きなデータサービス、ビジネスが生まれる。

IT産業と自動車産業が覇を競う自動車市場

ここまで、エネルギーの供給、需要に関わるデータについて述べた。世の中であらゆるものにセンサーや自動化の装置が取り付けられ、それらが電気で稼働するようになるから、エネルギーは、あらゆるところでデータネットワークとつながるようになる。データネットワークとのリンクを考えると、エネルギーは最大級のデータリソースである。

今後、温暖化対策や技術の向上で、少なくとも先進国ではエネルギーの消費量は減っていく。新興国、途上国でも先進国のエネルギー技術が導入されるから、今までのようにエネルギー消費は増えない。どんなにサービスを工夫しても、顧客はエネルギー費用を積み増さないどころか、競争市場の中でより安い電力を求めるようになるから、ビジネスをエネルギー供給に閉じている限り、エネルギービジネスは漸減市場である。一方で、データは21世紀の石油といわれるように、これからの時代の利益の源泉である。そこでエネルギーが最大級のデータリソースであるなら、関連の設備・機器から生み出されるデータをいかに活かすか、にエネルギービジネスの成長の可能性を見出すべきなのは自明だ。

ただし、エネルギー事業者が、エネルギーデータの市場をすべて手にすることができる訳ではない。まず、これから電力のビッグユーザーになる

自動車については、巨大IT企業と自動車会社が覇を競っている。IT企業から見れば、Connectedは、自動車という新たな成長領域の登場に見える。Autonomousについては、自動車本体だけでなくインフラ側にも巨大な制御のシステムとネットワークが生まれる。建物の維持管理のところで述べたのと同じように、今後は、自動車会社ごとに自動車を管理する縦割り型から、色々な自動車の制御システムを横通しで管理する市場ができていくことになるかもしれない。実際、高度な制御システムを提供する部品メーカーのポジションが高まっている。Share & Serviceは、IT企業にとって巨大な自動車市場を配下に置けるかもしれないチャンスと映る。Electricは、電池やモーターといった自動車のコアパーツが電気で制御されることを意味する。また、ガソリン車に比べて部品点数が圧倒的に減るうえ、部品の市場調達比率が増えることから、自動車産業のピラミッド構造が崩れる機会に見える。強烈な成長意欲を持つIT大手は、自動車産業始まって以来の革新機会に市場支配を狙っている。自動車産業の側も技術開発投資や異業種間の戦略的な提携などで受けて立つ姿勢だ。今のところ、2つの巨大産業のどちらに軍配が上がるのかは見えていない。

　CASEで変革する自動車市場での覇権を競うIT産業、自動車産業と比べると、技術開発力、データ利用のための技術力、資金力などから見て、エネルギー産業は見劣りする。もちろん、自動車がエネルギーで動くうえ、エネルギー業界が築き上げてきたインフラとの接続性を強めるのだから、エネルギー産業にも機会はある。しかし、変革する自動車市場で支配力を持つことにはならないだろう。

サービスを競う家電関連市場

　家電を中心とした需要側の市場はどうだろう。家庭を中心とした市場では、快適なサービスが提供されれば、付加価値が認められ対価を支払ってもらえる。また、太陽光パネルのようなエネルギー設備に対する期待投資回収率も低い。アイデアと、その実現力があれば、利益を上げやすい市場

構造をしている。

　しかし、この市場で需要家に付加価値を認めもらうためには、高い商品企画力、販売力、サービス体制などが必要だ。現状のところ最も強みを持っているのは、住宅や不動産関係の事業者のようだ。彼らの競争力の源泉は、生活空間として付加価値を提示できる能力だ。例えば、高級マンションであれば、居室のデザイン、眺望、共有スペースのデザイン、交通機関や商業施設などの近隣施設との連携、居住者向けのサービスなどで、需要家を取り囲む空間全体をマネジメントし、付加価値をアピールする。家電、住宅設備、家具、建材は、そのための欠かせない存在ではあるが、空間を表現するためのパーツに過ぎないことは否めない。ここで、エネルギーデータの付加価値を提供するために最も有利なポジションにいるのは、個々の設備の供給者ではなく、生活空間をマネージする立場にいる事業者である。

　住宅メーカーも快適な生活空間として住宅を提供するなかで、家電、住宅設備、家具、建材を重要なパーツとして活用している。今後、快適な生活を支えるために家電や住宅設備から得られるデータを、ますます有効に活用しようとするだろう。家電の利益率が低下したのは、需要家がこうした生活空間のポジションから家電を評価するようになったことも影響しているのではないか。当然、家電メーカーも需要家の視点の変化に対応して、設備をパッケージ化して提供する、データサービス機能を付加する、不動産会社や住宅メーカーと提携するといった戦略を展開している。

　このように、家電を中心とした需要側の市場では、不動産会社、住宅メーカー、家電メーカーが需要家向けにハイレベルなサービスの提供を競っているから、インフラ系、重電系の企業がメインのプレーヤーになるのは難しいだろう。

行方が注目される供給側データ市場

　そこで残されたのがエネルギーの供給、インフラ、産業設備の側から

発生するデータ（以下、供給側データ市場）から、どのように付加価値を生み出すかというポジションだ。ここまでの議論の展開が、自動車市場は巨大産業による覇権争いが苛烈で、住宅系の需要家市場は、顧客サービスに長けた事業者が先導するという流れだったものだから、消去法の結果残されたのが供給側データ市場というイメージになってしまったかもしれない。しかし、この市場の付加価値は、他の市場と比べても決して劣るものではない。展開のしようによっては、オセロ的な逆転を狙えるかもしれない可能性を持った市場でもある。

　配電網以下の電力供給を考えてみると、どこで、どのくらいの需要があるかのデータをリアルタイムで取得できるうえ、時系列、経済環境、社会環境などをエネルギーデータと組み合わせて配電網下のコミュニティの動向を分析することができる。エネルギーは、設備が稼働し、人間が動いた結果であり、設備は、生活や産業活動のために稼働しているから、エネルギーデータを分析すれば、コミュニティの生活活動や産業活動をマクロ的ないしは包括的にトレースすることができる。こうして得られたデータは、商業・サービスあるいはイベントの計画づくりなどで利用できる。

　特定の施設のエネルギー需要は生産活動と連動するから、当該施設の運営状況を類推するためのデータとなる。プライバシー度の高いデータだが、利用できれば、例えば、特定の事業者の経営状況の異変などを感知するためのシグナルとなる。また、行政機関が地域の状況をマクロ的に把握したり、行政サービスを企画する際の材料として利用することもできる。複数の配電網下のデータを組合せれば、広域の社会・経済活動を類推するのにも有用だし、ひいては日本全体の行方への道しるべともなる。エネルギーの需要量だけをトレースするのに比べ、よりリアルな分析が可能だ。コマツが開発した建機の管理システム、コムトラックスのデータを分析すると経済予測に役立てることができるといわれるが、エネルギーデータを設備種類ごとに分析すれば、それ以上に信頼性のある予測データとして利用することも可能なはずだ。

データ分析の対象を施設単位に絞ると、より詳細な分析が可能となる。エネルギーデータは施設に備え付けられた設備の稼働状況を映し出す。それは、施設の運営状況そのものといってもよいから、経営者が見れば、運営状況や操業の安定度を把握できる。仮に、投資家が見ることができれば、投資対象の施設が安定して運営されているかどうかがわかる。

　エネルギーデータの活用は、省エネルギーや設備の安定稼働にも効果がある。同じ種類の設備のエネルギーデータを比較すれば、稼働が非効率な設備を炙り出して原因を突き止めることで運営状況を改善することができる。逆に、効率の良い設備を抽出して設備運転のベストプラクティスを他の設備に展開することができる。所謂「アグリゲーション」と呼ばれる仕組みだが、複数の施設間で行えば、効果はより大きくなる。

　維持管理・更新費の低減にも効果がある。調子の悪い設備は、エネルギーの消費量が安定しない、あるいは調子の良い設備とは乖離しているというデータを示す。したがって、エネルギーデータのブレや乖離を把握すれば、調子の悪い設備を見出し対処することで、有効で無駄のない予防メンテナンスにより、維持管理・更新費を削減することができる。維持管理のための人件費も効率化される。

スマートシティの基盤となる供給側データ市場

　供給側データ市場が強みを発揮するのは、Maasなどで注目が高まるスマートシティの市場だ。10年前、再生可能エネルギー、省エネルギー、エネルギーマネジメントの技術をふんだんに投入したエコシティがスマートシティと同一視されていたが、最近では、都市内のさまざまな設備、機器のデータを収集・分析し、機能が最適化された都市がスマートシティと理解されている。スマートシティの中では、例えば、Maasについては鉄道、バス、タクシー、ライドシェア、これからは自動運転車、シェア自転車などの交通手段と、これらを使って効率的に移動したい人達のデータが収集・分析される。同じように物流面では、大型トラック、小型トラック、配送

ロボット、配送者、宅配ボックスなどのデータが収集・分析される。そこから得られるデータにより、地域住民の行動や個別施設の需要、モノの動きがわかる。

これに加えて、都市部には上述した配電網下でのエネルギーデータに加え、公共団体が運営する上下水道、ガスのようなインフラのデータ、施設の運営データ、画像データが集積している。これらを統合的に分析すれば、都市部の人、モノの動きを詳細に把握することができる。それを使えば、人、モノの動きを最適化できるだけでなく、設備管理、エネルギー管理などの面で効率的な都市運営を実現できる。民間サービスと連動すれば、経済活動を後押ししたり、新しいサービスを生み出したりすることも可能となる。これまでネット上の購買データやウェブの閲覧データだけで、IT産業があれだけ経済的、社会的に影響力を高めたのだから、人とモノの動きに連動したデータの坩堝となるスマートシティに多くの人が関心を寄せるのは当然だ。

しかし、スマートシティのデジタルデータ運営の体制は決まっていない。公益性、守秘性の高いデータが多く、安易に民間に任せてしまうと、過剰な影響力を持たせることにつながるのもひとつの理由だろう。

そうしたなかで、エネルギー事業者が重要な役割を担うことができるプレーヤーのひとりであることは間違いない。何故なら、エネルギーネットワークはありとあらゆる事業者、住民にアクセスしており、膨大な数のエネルギー需給設備・機器と結びついているからである。モビリティデータは、人やモノの動きを詳細に把握できるが、すべての人が利用している訳ではない。身の回りを見ても、エネルギー関連機器と交通関連機器では、数と種類が圧倒的に違う。広義で解釈すれば、エネルギーデータこそスマートシティで最も広範で、バラエティに富んだデータである。さらに、エネルギー事業者にとって強みとなるのは、公益サービスの提供者として、他産業の事業者より高い社会的な信頼性を獲得してきたことだ。逆に、あまりの営利指向の強さに社会的な評価を下げたメガプラットファーマーにスマ

ートシティのデータが任されることはないだろう。

　設備や機器のエネルギー効率の向上と地球環境問題を背景に、エネルギーの消費量は確実に減る。一方で、設備や機器の効率化は制御の高度化にほかならず、エネルギー関連の設備・機器を取り巻くデータ量は、一昔前とは比べ物にならないくらい増大した。ビジネスにおけるデータの重要性が高まっているのは今更いうまでもないうえ、AI ／ IoT の普及は、これからがデータビジネスの本番であることを示唆している。ネット情報の単なる情報交換と、モノを動かす AI ／ IoT では、データの豊富さが比べ物にならないからだ。エネルギー事業者が、そこで優位なポジションにあるのなら、従来型の業態に固執し、データを活かしたビジネスモデルへの転換を目指さないという選択肢はないはずだ。

第3章

トリプル・トランスフォーメーションに向けてのロードマップ

（1）太陽光発電の失敗経験を生かした産業インキュベーション戦略

日の丸太陽電池の敗戦

　日本の太陽光発電産業は、2000年代前半まで世界のトップを走っていたが、今では中国勢に市場を席巻され挽回の見込みもない（図表3－1）。中国勢に駆逐されたのは、日本企業だけではないが、2000年代前半を振り返ると官も民も、「ああすればよかった」と思うことがあるはずだ。

　今、当時の太陽電池と同じような立場にあるのが燃料電池である。燃料電池は、化学反応を直接電気に換えることができる画期的な技術であり、理論的な発電効率の限界は内燃機関を大きく上回る。構造がシンプルなので、技術開発が進みコストが低下すれば、内燃機関の市場を一気の代替す

図表3－1　太陽光発電の年間生産量推移

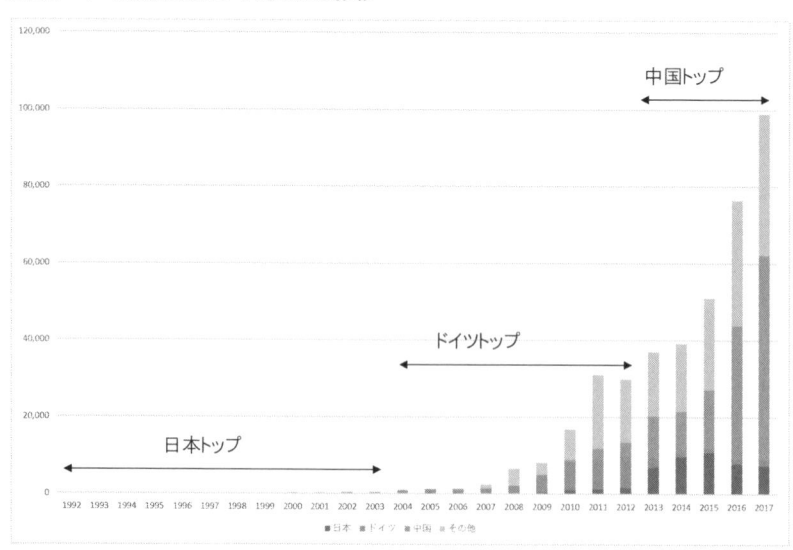

出所：IEA データを基に作成

る可能性がある。そのときに起こる産業構造の変化は、ガソリンエンジンからEV、PHVに切り替わろうとして自動車産業と似ている。

　自動車産業では、多かれ少なかれ完成車メーカーが産業構造のトップとなり、その下にいくつも層となった部品メーカーが連なった。完成車メーカーが、こうした産業構造を選択したひとつの理由は、内燃機によるパワートレインの技術が複雑だったからである。数多くの部品を要し、ひとつでも所期の性能が出ないと、パワートレインそのものが性能発揮できない。だから、ティア1、ティア2など何層にも分けた。部品の調達構造と系列と呼ばれる信頼ある調達ネットワークを築き上げた。

　しかし、パワートレインが電動になると、こうした産業ピラミッドの必要性は大きく低下する。部品点数が大幅に減るうえ、パワートレインの中心となるモーターと蓄電池は、外部調達が主流となるからだ。つまり、少なくとも主要部品の信頼性は、市場での評価を勝ち取っている部品メーカーの技術力に委ねられるようになる。産業ピラミッドと系列を維持するためには、陰に陽に大きなコストがかかるので、主要部品が外部調達できるようになると、オープンな市場で効率的な調達ネットワークを築ける企業が競争力を増すことになる。

　エネルギーの世界でも、内燃機が燃料電池に換わると同じような現象が起こる。多数の部品を要し、構造が複雑な内燃機がシンプルな燃料電池に代替されると、内燃機関用につくられた産業ピラミッドはコストに耐えられなくなる。太陽光発電、液晶パネルなど、特定の技術への依存度が大きい製品では、ある時点で技術的なブレークスルーが起きて当該技術の製造が汎用化されると、投資力や投資判断能力が市場競争力を決めるようになった。こうした産業構造を理解せず、日本は、官民ともに微妙な技術力の差のために投資を続け、市場支配のための投資力の確保を怠った。

昔は太陽電池、今は燃料電池

　燃料電池の技術構造や市場構造は太陽電池と似ている。家庭用燃料電池

について、日本は、住宅用太陽電池と同じように、世界トップレベルの技術力を開発し、特有のビジネスモデルを立ち上げた。しかし、かつての住宅用太陽電池と同じように、緻密に練り上げられた家庭用燃料電池システムの市場は伸び悩んでいる。この状況を放置すれば、かつて住宅用太陽電池ビジネスで築き上げられた繊細な技術が、メガソーラー市場で鍛えられた欧米、中国の太陽光発電メーカーの投資力に席巻されたのと同じようなことが起こる。それは、かつて日の丸半導体が駆逐された構造とも似ている。日本の産業に、これ以上、同じ過ちを繰り返す余裕はない。

　住宅用太陽光発電や家庭用燃料電池市場で築き上げられた技術、システムをグローバルな産業として花開かせるために必要なのは、限られた市場での技術を掘り下げることではなく、燃料電池市場に巨大な投資を呼び込むことである。例えば、技術系ベンチャー企業を立ち上げる場合、どんなビジネスモデルでも、まずは商品づくりに力を入れるのは当然だが、企業を成長させようと思うなら、ある時点から市場でのシェア獲得に力を入れる。特に、競争相手がいる場合は尚更だ。

　日本が太陽光発電の事業で2000年代前半までの確固たる地位をあまりにも脆く失ってしまったのは、こうした事業のギヤチェンジのタイミングを見失ったからである。再生可能エネルギーの市場が従来型エネルギーの市場に比べて、はるかにグローバル競争が厳しいことへの洞察も欠けていた。そのひとつの原因は、エネルギー市場の規制緩和が遅れたため、グローバルな競争市場への意識が低く、経済産業省、電力会社を頂点とした内向きな技術開発や市場づくりに慣れてしまっていたからではないか。省庁と電力会社が描いたロードマップに沿ってしっかりと技術を開発すれば報われる、という意識が市場で競争する企業としてのアニマルスピリッツを減じていったと考える。

　それに対して、太陽光発電市場を席巻した中国企業は、太陽光発電ビジネスが本格的なグローバルビジネスになることを見抜き、そこで勝ち抜くための準備をした。新しい産業を立ち上げるに際して、中国政府が企業を

支援していることは確かだが、日本のように企業間での予定調和を許す訳ではない。中国国内では、政府支援で産業が立ち上がったあと、グローバル市場での競争をも上回る厳しい生き残り競争が繰り広げられる。それが海外に展開する際の競争力の源泉となる。

　欧州に中国ほどの国内競争メカニズムはないが、太陽光発電が補助的な電源から中核的電源となるのを見抜いていたことは共通している。そこでは、発電効率より発電単価がモノをいうようになることも理解していた。中国は、さらに太陽光発電の市場がグローバルな市場になることをいち早く見定め、そのための体制をつくった。世界的な低炭素化に向けたトレンドのなかで、一部のニッチなビジネスモデルを除き、再生可能エネルギーがグローバル規模のビジネスになることは間違いない。関連する産業の盛衰は、今後とも官民一体となったグローバルな市場戦略によるところが大きくなるだろう。

水素への燃料転換が唯一の解

　どんなに新たな油田、ガス田が開発されても、化石燃料がいずれなくなることは間違いないし、今は石炭との相対論で支持されている天然ガスも、カーボンゼロを本気で見据えれば、石炭の「半分も」二酸化炭素を排出している。化石燃料からの脱却は、今世紀末になれば、資源枯渇と地球温暖化の両面から求められるようになる。水素のほかにも風力発電、太陽光発電、バイオマスを組み合わせて電気と熱を賄う方法はある。しかし、風力発電や太陽光発電の変動を完全に吸収することや、運輸、産業系の熱需要を賄うことは、技術的にも経済的にも難しい。バイオに頼り過ぎるとパンデミックのリスクも出てくる。第2章で述べたとおり、現状のところ、究極的な燃料、エネルギーの条件を満たすのは水素しか考えられない。

　エネルギーに関する将来の問題の解決を真剣に考えると、水素への燃料転換を図ることが唯一の選択肢であることがわかるのだが、経済的な負担の大きさを問題視する意見もある。そうした意見は、そもそも現在の地球

温暖化問題がなぜ起きたのかという観点を踏まえていない。前章で見たとおり、バイオ燃料の時代から人類は、自然を犠牲にしてエネルギーの恩恵を享受してきた。バイオ燃料を森林の再生スピード以上に採取していた時代は、需要地の周囲で目に見えて自然が破壊されるのが見て取れた。化石燃料の時代となり、森林破壊のような見える現象は減ったが、長い年月をかけてつくられた炭素循環のメカニズムを破壊したため、森林破壊よりはるかに不可逆的な環境破壊を起こしてしまった。こうした環境破壊を修復可能な範囲に収めるための仕組みを取り入れていたら、化石燃料の価格は今よりはるかに高くなっていたし、それが本来燃料の価格である。そう考えると、普及段階において想定されている水素の価格は、化石燃料に比べて高いとはいえない。

求められる産業インキュベーション機能

　水素社会へのアプローチや中核技術となる燃料電池が住宅用太陽光発電の轍を踏まないために必要なのは、将来マーケットにいかにアプローチするかの戦略を立てることである。最終的に中国勢に席巻されてしまったが、欧州に学ぶべきなのはマーケットを創造したことである。ドイツがFIT制度により市場を急拡大させたことがQセルズなどの企業の成長を促した。さらに中国は、太陽光発電ビジネスがグローバルビジネスになることを見抜いて体制を整備し、ドイツ勢を駆逐した。

　日本も東日本大震災のあと、FITの導入により、太陽光発電の導入を急拡大させたが、産業創出効果は、まったくと言ってよいほどなかった。世界的に見て過大な賦課金で国民負担を増やしたにも関わらず、太陽光発電メーカーは海外勢に席巻され、グローバル市場で戦える投資家や運営事業者が育った訳でもない。最大の問題は、投資意欲を喚起しつつも、企業が甘えることがない適切な単価の設定ができなかったことだが、本質的には、この時期の日本の産業政策がインキュベーション機能を持っていなかったことにある。FITの単価設定は、まさしく市場との駆け引きだ。理念が先

走りし、省庁が設定した委員会で学識経験者が単価を設定する構造にマーケットの創造や、産業のインキュベーションの機能を期待するのには無理があった。単価を設定するのに業界から情報を収集するのは当然だが、そこからどんなカードを切るかはまさにディールである。ディール能力のない単価設定を行った結果、環境を御旗にしたハゲタカにいいようにやられてしまった。産業、ビジネスの創出は、結果がモノをいう世界だから、一時の欧州、そして中国には産業インキュベーション機能があり、日本にはなかったという反省力がエネルギーシステムを再構築するための出発点となるべきだ。

　中国に学ぶべきなのは、自国産業の育成を目指す一方で、個別企業の行方に対しては冷淡であることだ。一時は太陽光発電メーカーだけで500社に達したという中国だからこそ成せる業でもあるが、国内の競争で敗退する企業がいることに執着しない姿勢が最終的に競争力のある産業を育てることに寄与している。これに対して落伍者を出すことや和を乱すことを厭う日本の産業政策は、一時的に生き残る企業の数を増やすことはできても、グローバル市場に通用する企業を育てることには適していない。グローバル市場に通用しない企業をいくら育てても、グローバル化したエネルギー市場で生き残っていくことはできないことを改めて学ばないといけない。

（2）「気体燃料to水素」の
エネルギービジョン

見えないマーケットへのアプローチ戦略
　現在、住宅用燃料電池、燃料電池自動車といった水素社会に向けた要素技術でリードしながら、産業としての広がるイメージが持てていない。これらの分野への投資も加速しているとはいえない。一方で、最近、中国は水素に関する関心を高めている。このままでいくと、太陽電池産業の転落

の悪夢が再来する。最近、世界中で水素への注目度が高まっているのは、地球温暖化対策への認識が深まるなかで、本格的な低炭素エネルギーへの理解が広まっているからだろう。問題は、水素の時代がいつ来るのかわからないことと、水素時代への移行のコストがあまりにも大きいことである。世界が本気になってエネルギー問題を捉え、一丸となって最後の燃料革命に取り組めば、今世紀後半に水素の時代がやって来るかもしれない。しかし、既存のエネルギー産業などの反対や、地球環境問題、エネルギー問題の先送りがあれば、水素時代の到来は次世紀になるかもしれない。シェールガスのような化石燃料の新規開拓が続けば、問題の根本解決はさらに先送りされる可能性もある。

　エネルギー産業は政策と密接な関りを持つ。政策の動向により、民間の投資スタンスも変わる。要素技術でリードしているポジションを産業の競争力につなげるためには、官民が将来のエネルギーシステムに関する明確なビジョンを共有することである。その際のポイントは以下のとおりである。

①水素時代の中核技術・インフラ・エネルギーシステムの像が描かれていること。

②本格的な水素時代への橋渡しの仕組みが組み込まれていること。

③超低炭素時代のエネルギーシステム構築に向けた課題を解決する仕組みが組み込まれていること。

④エネルギーの持つすべての価値を発揮できる仕組みが組み込まれていること。

⑤新たな社会づくりに向けた投資意欲を喚起する魅力を有していること。

　①については、水素社会への中核的な技術インフラを見定めなくてはいけない。水素時代の中核となるのは、以下の技術・インフラである。今でも、これらが描かれた水素社会の絵はあるが、その実現のための道筋が見えていない。

・発電技術、特に発電効率が高く小型分散が可能な燃料電池

- 水素供給ライン
- 輸送、貯蔵設備
- 需要側でのエネルギーマネジメントシステム
- 広域電力網と需要側との連携システム

水素時代への橋渡し＝気体燃料時代

　②水素時代への橋渡し、③課題解決の仕組みとなるのが本書で述べる気体燃料時代である（図表３-２）。この時代の設計が水素社会をリードするための肝といってもよい。水素を天然ガスやバイオガスなどの気体燃料と混合して利用する時代を、水素社会に向けたロードマップの中に位置づけることにより、以下のようなメリットが生まれる。

- 天然ガスのために整備されたインフラを利用できる。
- 水素の導入比率をスムーズに上げていくことができる。
- 本格的な水素社会の到来が先送りされることによるリスクを吸収できる。

「気体燃料to水素」のために利用できる既存のエネルギーインフラは、天然ガスの供給ライン、発電設備である。供給ラインについては、まず上流で水素を混合して需要先まで送ることが考えられる。発電設備などは、現状設備の設計の変更が必要なレベルまで水素の比率が高まるのに相当な時間がかかるので、その間に水素を高い比率で混合できる設備の開発、更新計画の策定を行う。熱供給設備のように、低い比率での水素の含有量も許容できない設備ついては、需要側で熱量の調整や安定燃焼を可能とするための設備の改造を行う。

　気体燃料時代のひとつのポイントは、混合気体燃料と設備の整合をどこで図るかである。日本のインフラは、これまで供給元ですべての需要家のニーズを満たすための品質を確保することに努めてきた。それが、電力や水道で世界最高レベルの信頼性を獲得することにつながった。しかし、需要側のニーズが高度になると、供給元での品質をいかに高めても需要側の

図表3-2 電力と熱需要における再生可能エネルギーの発展プロセス

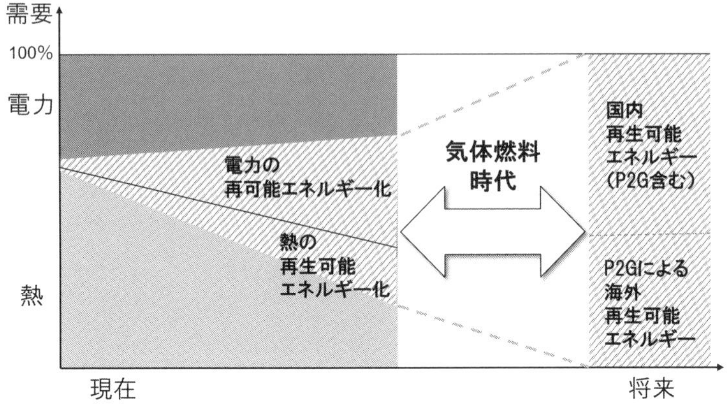

出所：筆者作成

ニーズを満たすことはできなくなった。例えば、日本の水道水の品質は、世界的に見て非常に高いレベルにあるが、多くの人が水道からの水を直接飲まず、ペットボトルのミネラルウォーターや浄水器を経た水道水を飲んでいる。こうした人達のニーズを供給元で完全に満たすことは不可能である。電力では、世界最高レベルの停電確率を誇りながら、半導体工場などでは、瞬間的な停電でも生産がダメージを受けないようなシステムが導入されている。独自の電力品質を得るために自家発電設備を設けているところもある。こうした需要家のニーズを供給側で満たそうとすると、膨大な投資が必要になる。既に、インフラの信頼性や品質は、需給双方の設備・運用によって担保されている。当初から純水素しか使えない供給ラインを整備するのは、電力会社が、すべての需要家が安心できる電力の信頼性を確保しようとするのと同じか、それ以上に割高な投資が必要になる。

　水素社会には、水素輸送船、貯蔵タンク、水素ステーションのような水素特有の設備も必要になる。水素の需要も見えないなかでゼロから整備するのは大変なことだ。しかし、混合気体のための供給ラインが確保され、その末端で混合気体の需要が増えていくような「気体燃料to水素」のた

146

めのシステムができれば、水素導入量の増加に合わせて整備していくことができる。純水素を前提とした整備に比べると、はるかに稼働率を維持しやすく、投資計画も立てやすい。また、後述するような分散電源システムが普及すれば、水素ステーションでは、分散電源からの排熱を利用して液化のためのエネルギー消費を効率化することもできる。そのためには、需要側での燃料の受け入れの柔軟性が欠かせない。

燃料電池を分散配置した自律型エネルギー拠点

　発電設備については、現在進められている水素混合のタービン技術は気体燃料時代の中核的な技術になる。しかしながら、長期的には、燃料電池の比率をいかに高めることができるかが、水素時代に向けた重要な検討要素となる。燃料電池は量産化がコスト削減の決め手になるうえ、並列させて発電容量を増大することができる。また、設置コストを考えると、トラックで輸送できるサイズに収めることが望ましいので、基本設備の容量を100 〜 300kWと想定する。六本木ヒルズのような都市拠点であれば、これを数十から200程度接続すれば、電力を賄うことができる。そのために要するスペースは、1000平方メートル程度なので、都市拠点内に十分に確保できる。燃料電池による分散型システムの強みは、屋上、駐車場、建物の間、通路などの未利用スペースに分散配置できることだ。そうした特性を活かせば、既存のビル群を燃料電池によるエネルギー自律型の拠点に変えることもできる。

　完全な水素社会では、水素の殆どは再生可能エネルギーから作られることになる。しかし、電力については、再生可能エネルギー由来の電力をできる限り効率的に使うために、送電線につなげる、あるいは自家発電にすることで、電力として直接利用することを優先する。再生可能エネルギーから水素を作るためには、水素の生成過程における損失は十分に小さいが、発電段階では、40%のエネルギーを失うからだ。ただし、第2章で述べたとおり、変動の多い風力発電や太陽光発電は需要の3分の1程度しか系統

電力につなぐことができないため、3分の2については、水力や水素発電で賄うことが必要となる。水素発電については、発電効率が高く、電熱併給ができる燃料電池による分散電源を優先する。そのうえで、以下に述べる自律型エネルギー拠点により、再生可能エネルギーの変動はできるだけ分散電源により吸収する。

　情報通信システムが今よりもはるかに発達する将来は、すべての分散電源をネットワークし、VPP型の調整電源として機能させることが可能となる。しかし、稼働率が低くなりがちな分散電源の稼働率を上げることができる。それでも、化学反応により電気を起こす燃料電池の変動追随性の低さを考えると、水素ガスタービン・コンバインドサイクルは必要となる。それでも吸収できない再生可能エネルギー由来の電力については、P2Gにより水素燃料に転換する。こうしたシステムを整備することにより、蓄電池への依存度をできるだけ下げる。

「気体燃料 to 水素」時代の核となる自律型エネルギー拠点

　以上のような優先順位で整備した分散型エネルギーシステムのひとつの核となるのは、複合都市施設だ（図表3-3）。六本木ヒルズが高性能のガスタービンを備えた、自律型エネルギー拠点であることは既に述べたが、将来的には、こうした都市拠点に燃料電池を設置する。燃料電池は、純水素を燃料とすれば、排気ガスはゼロだし騒音も少ないので、ガスタービンやガスエンジンのような排気ガス設備や騒音対策の設備は必要ない。また、上述したように、小型でも発電効率が落ちず未利用スペースに分散配置することができるため、発電設備のための建設・不動産コストが大幅に低下する。また、発電に伴って発生する水を再利用することもできる。

　分散型エネルギーシステムは、都市拠点の不動産価値を高めることもできる。まず、自家電源を持っているので、災害時にでも電力を確保することができる。仮に、広域送電網内を含むすべての電気が再生可能エネルギー由来になっても、分散型エネルギーは、総合効率が高いので環境性はよ

図表3-3　核となる自律型エネルギー拠点

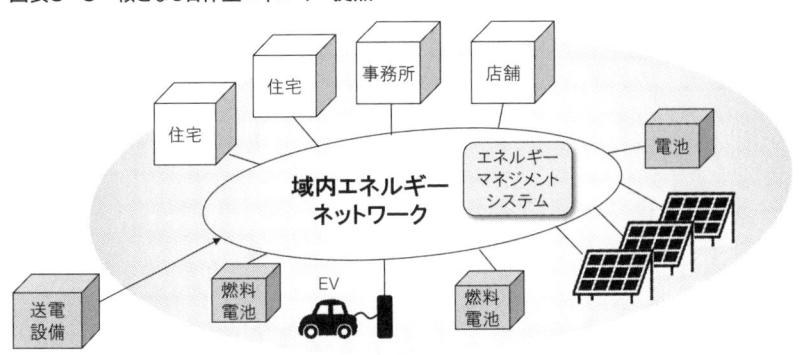

出所：筆者作成

くなる。水素社会には、環境意識が今よりも高まっていることは間違いない。ESG投資のシェアは確実に増えるから、環境性の高い都市開発のほうが資金調達でも有利になる。

　都市拠点内部での電力調整や需給バランスの主役は、さまざまな設備に取り付けられ、需給双方の設備を制御するパワー半導体と拠点内を網羅するエネルギーマネジメントシステムだ。直流送電のシステムを導入して、域内のエネルギー流通を効率化することも考えられる。ひとつのコンセプトの下で開発された都市拠点には、不動産の売買、維持管理、サービス提供などのために都市の運営管理責任者がいる。したがって、エネルギーマネジメントシステムを運営して都市内のエネルギーの安定性を保つのも運営管理責任者になる。例えば、敷地内の太陽光発電が活発に発電する場合は、燃料電池の発電量を絞り、EVの充電を促し、さらに必要であれば蓄電池に充電する。

　今後、EVやPHVが普及して蓄電池の再利用のニーズが増えることを考えると、これを都市拠点で利用することが考えられる。蓄電池のリユースで最も難しいのは、電池の信頼性を誰がどのように担保するかだ。EVやPHVで個人が何年間か使用した蓄電池の信頼性を新品と同様に保証する

のは難しい。万が一の場合を考えて、安全な設備を用意でき、管理体制が整っている環境下で利用することができれば、再利用を後押しできる。その場合、安全対策や管理体制に制約がある個人の住宅より、工場や都市拠点のような場所のほうが条件を整えやすい。

デジタルデータ拠点としての自律型エネルギー拠点

自律型エネルギー拠点にもうひとつ重要なのは、デジタルデータの活用だ（図表3-4）。

自律型エネルギー拠点で、上述したようなエネルギーシステムを運用すると、膨大な量のデジタルデータが発生する。照明、空調、LANに接続されたIT機器、エレベータ、エスカレータ、厨房機器、娯楽機器、スポーツ施設など、エネルギーを消費するあらゆる設備・機器データが得られる。それを分析すれば、施設の利用動向、あるいは利用者の活動内容、事業所の運営状況を把握することができる。供給側では、太陽光発電の発電

図表3-4　デジタルデータ拠点としての自律型エネルギー拠点

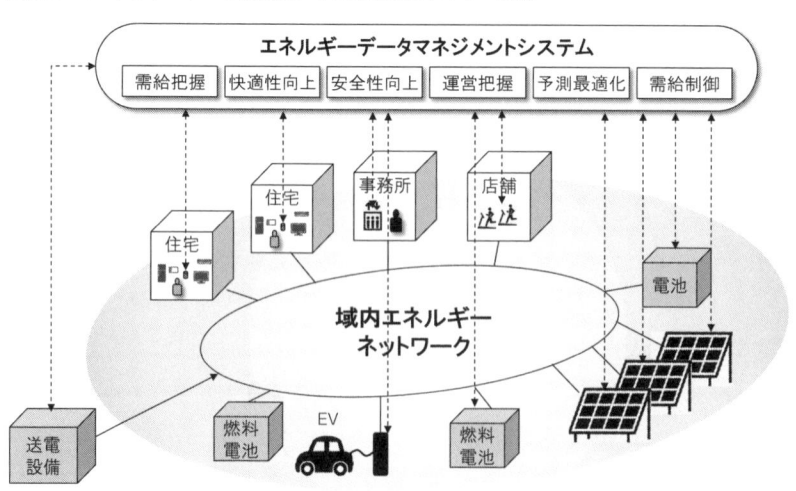

出所：筆者作成

状況や域内、広域の電力の需給状況などを把握することができる。運営管理者は、拠点に整備されたエネルギーシステムの運用を最適化し、拠点の快適性、安全性を維持する必要があるから、需給双方のデータを使って、省エネや需給バランスのマッチングを行うことになる。同時に送電事業者と連携して、EVなどの需要と太陽光発電の発電ピークとのマッチングを行う。こうして得られたデータは、マーケット状況に関するシグナルにもなる。データ利用の自由度をどのように設定するかの議論を別にすると、拠点の運営管理者は、自律型エネルギー拠点のデジタルデータを管理する立場にある。

　運営管理者は、エネルギーだけでなく、都市のモビリティに関するデータにもアクセスする。現在、自動運転の世界で最もビジネス開発が進んでいるテーマは、レベル3、レベル4の自動運転技術を使った、所謂ラストワンマイルのためのモビリティサービスだ。ライスワンマイルのサービスは、拠点内・周辺での移動、中広域の移動のためのバスや電車との接続をスムーズにする。将来的には、あらゆるタイプの自律型エネルギー拠点がラストワンマイルのサービスが取り込むことになるだろう。結果として、自律型エネルギー拠点の運営管理者は、MaaSの情報にもアクセスすることになる。

　このような観点から、自律型エネルギー拠点の運営管理者にとって、エネルギーを中心としてデータの収集、分析、都市運営への反映は最も重要な業務のひとつとなり、それが、自律型エネルギー拠点の付加価値に大きな影響を与えることになる。したがって、自律型エネルギー拠点の整備は、上述した次世代のエネルギーシステムの要件である。④エネルギーの持つ価値の発揮、⑤新たな社会づくりに向けた投資意欲の喚起に対するソリューションとなる。

エネルギーの安定性に貢献する自律型エネルギー拠点
　自律型エネルギー拠点の整備は、再生可能エネルギーの比率が増えるこ

れからのエネルギーシステムの安定性の向上に貢献する。東日本大震災の
とき、多くの大規模工場などがエネルギー消費の削減に協力した。もちろ
ん、一般需要家への呼びかけも効果を上げたが、エネルギーシステムの運
営者から見れば、大きな需要単位の存在がいざというときの頼りになる。
こうした経験も含めて考えると、エネルギーシステムの安定性の観点で、
自律的なエネルギーシステムが増えることは2つの意味がある。

　ひとつは、拠点内で需給バランスを図る分だけ広域送電網の需給バラン
スの調整負担が減ることだ。まずは、需要側に設置される再生可能エネル
ギーの変動を拠点内に吸収する。ただし、拠点内の施設に太陽光パネルを
敷き詰めても、エネルギーシステム全体の再生可能エネルギーに比べると、
わずかな容量に過ぎない。そこで重要になるのが、巨大なエネルギー需要
を持つ自律型エネルギー拠点が広域的な再生可能エネルギー由来の電力の
需給調整に能動的に貢献するという点である。第2章で再生可能エネルギ
ーが大きなシェアを持つ将来のエネルギーシステムでは、変電技術を軸に
した広域送配電網の調整機能と、パワー半導体技術を軸にした需要側の調
整機能が調和することが重要であると述べた。その意味で、自律型エネル
ギー拠点と広域送配電網との連携機能は、異なる技術体系を軸とする、2
つのエネルギーシステムの調和を実現するための接点ということができ
る。

数千万kW&kWhの容量を持つ自律型エネルギー拠点

　六本木ヒルズは、自律的なエネルギーシステムを有する都市拠点として
の先陣を切ったが、こうした施設においても今後、更新に応じてエネルギ
ー設備の改修、EMSの強化を図れば、本書で述べる自律型エネルギー拠
点となる。首都圏には、同じような可能性のある都市拠点が大規模なとこ
ろだけでも、六本木ミッドタウン、日比谷ミッドタウン、アークヒルズ、
虎ノ門ヒルズ、新宿副都心、霞が関官庁街、都庁周辺、品川港湾口開発、
日本橋開発、丸の内ビル群、豊洲、東雲地区、みなとみらい21（MM21）、

幕張新都心、さいたま新都心、大規模鉄道ターミナルなど多数ある。大阪にも同様の集積が何カ所もある。また、少なくとも県庁所在地の県庁舎周辺、大規模ターミナル周辺には、大きな都市集積がある。市街地再開発事業は日本全国で943カ所、首都圏（東京都、千葉県、埼玉県、神奈川県）、中京圏（愛知県）、関西圏（京都府、大阪府、兵庫県）で529カ所ある。これらを含めると、自立型エネルギー拠点となる都市集積は、日本中で300カ所はあると考えてよいだろう。そこで、1カ所当たりの最大電力需要を2万kW程度とすると、全体で数100万kWの需要が自律的なエネルギー拠点として機能する可能性がある。自律型エネルギー拠点としての運営が軌道に乗った場合は、周辺地域を巻き込んでいけば、2000万kW程度の需要は見込めるのではないか。また、1カ所当たりの駐車場スペースが500台程度として、その3割程度のEVが乗り込むとし、EV1台当たりの蓄電池の搭載量が50kW程度とすると、全体で250万kWh以上の蓄電池が都市拠点運営者の呼びかけの対象となり得るので、広域の再生可能エネルギーの変動吸収にも十分貢献できる。

　自律型エネルギー拠点として機能し得るのは、都市内の拠点だけではない。例えば、神奈川県藤沢市のFujisawa サスティナブル・スマートタウン（SST）は、将来的に自立的なエネルギー機能の確保を目指している。Fujisawa SSTを次世代指向のニュータウンと解釈すると、日本に2000程度が存在するとされるニュータウンも対象となり得る。ニュータウンは、そこを開発した事業者によりメンテナンスされている場合が多く、一定規模であれば新たにインフラが整備されている。ひとつのニュータウンの住宅の戸数を1000とすると、ニュータウンに立地する住宅の戸数は200万程度に及ぶので、1戸当たりの最大電力需要を1.5kWとすると、ニュータウンの最大電力需要は300万kWにもなる。また、一家に1台平均で自動車を保有し、そのうちの3分の1がEVであるとすると、全体で3000万kWh程度の蓄電容量があることになる。ニュータウンのリニューアルに合わせて、蓄電池付きのスマートハウスが建設されれば蓄電池の容量はさ

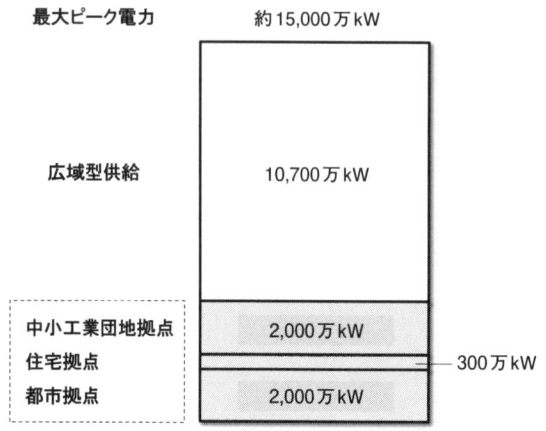

図表3−5　自律型エネルギー供給拠点ポテンシャル

最大ピーク電力　　　　　　約15,000万kW

広域型供給　　　　　10,700万kW

中小工業団地拠点　　　2,000万kW

住宅拠点　　　　　　　　　　　　　　　300万kW

都市拠点　　　　　　2,000万kW

自律型供給

出所：筆者作成

らに増える。

　以上を加えると、パワー半導体技術を軸とした都市型、ニュータウン型の自律型エネルギー拠点の電力需要は4000万kW程度、EVを中心とした蓄電池容量は3000万kWh以上にも及ぶ（図表3−5）。一方、最近では、産業分野でも環境意識の高い先進的な企業はエネルギー自立型の工場を建設しているので、自律型エネルギー拠点としての需要と蓄電池容量は、さらに上積みできる。自律型エネルギー拠点を整備する政策の方針が示されれば、最近の企業の環境行動から見ても、自立機能を備えた工場は増えることになるだろう。

地方再生のインフラ基盤となる自律型エネルギー拠点

　ここまで述べた、自律型エネルギー拠点の機能を活かしたエネルギーシステムの将来像の要点をまとめると以下のとおりとなる。

- 拠点内に水素混合の気体燃料による発電設備を整備し、自立的な発電と効率定な電熱供給を行う。それでも間に合わない場合は、送電事業者と

連携して電力を調達する。

- 拠点内に再生可能エネルギーを積極導入し、可能な限り域内で需給バランスを図る。域内でのバランスが図れない場合は、できるだけ近隣の拠点間での調整を図る。
- 拠点内の需要調整機能を活かして、広域送電網内の再生可能エネルギーの変動調整に能動的に貢献する。
- エネルギーの需要、供給機器・設備にセンサーを取り付け、都市拠点内部での電力の需給動向に関するデータを収集・分析する。MaaS などのデータとも連携して、安全で効率的かつ付加価値の高い生活と事業活動を支援する。

ここまで大都市内の複合開発拠点とニュータウンについて述べたが、自立型エネルギー拠点は地方部でも効果を発揮する。日本には、山間地に数多くの村落があり、3分の2が森林に覆われた国土を支えている。こうした地域では、公共施設が集まっているのが一般的なので、そこを中心として燃料電池コージェネレーションによる電熱併給のエネルギーシステムを整備する。そのうえで、農村部において豊富に賦存する自然資源を活かした、自立型エネルギーシステムを構築する。地方部のエネルギーの自立は、電力会社の事業モデルと対立する訳ではない。電力会社は、電力需要の減少と自由化で地方部の電力インフラを維持することが負担になっているので、山間地で自立的なエネルギーシステムをつくることは、電力会社の運営の効率化にも貢献する。自立型のエネルギーシステムの整備・運営に参画すれば、電力会社としても新たな事業領域を開拓できる。

自立型のエネルギーシステムをつくるために、変動の大きな太陽光発電、風力発電については、蓄電池への充電ないしは水素燃料の生産に供することとする。前者の場合は、家庭用、施設用、農業機械・軽トラック用に共通で利用できる小型の蓄電池を開発し、これに蓄電する。中心地から自営線を敷くのが難しい住居、施設の電力需要や農業機械・軽トラックなどのエネルギーは蓄電池で賄う。ガソリン需要の減少で地方部では、ガソリン

スタンドが減っており、地域によっては、給油のために10キロ以上車を走らせないといけない場合もある。地域の再生可能エネルギーで充電できるEVの農機、軽トラックがあれば歓迎される。

　当分の間、地方部は水素の供給ラインから離れているので、燃料電池の燃料はバイオガスやLNGで賄う。バイオガスについては生ごみ、家畜排泄物などを乾式のバイオガスプラントでメタン系のバイオガスに、森林資源については乾留することで乾留ガスに変換する。これらを精製したうえで水素を抽出し、燃料電池に供給する。集落に十分なバイオマスがない場合は、周辺地域のバイオマスをガス化し、地域内に限定した簡易なパイプラインで精製プラントまで送る。一定量のバイオマスを貯留しておけば、供給不安も殆どないはずだ。

　山間地でもデジタルデータが地域の振興に貢献する。広域に広がった住居のデータを分析すれば、高齢者の見守りもできる。農機のデータを取得できるようになれば、ベストプラクティスを分析して農業の生産効率の向上に資することもできる。

　山間地のエネルギーシステムで問題になるのは、都市部や工場のような運営管理者がいないことだ。これに対しては、公共投資としてエネルギーシステムを整備したうえで、それを運営する民間事業者をPPP（パブリック・プライベート・パートナーシップ：公民連携）方式で公募すればよい。エネルギーの生成、供給、省エネ、デジタルデータの取り扱いといった広範な業務範囲を設定し、エネルギーの販売額や情報の利用、余ったエネルギーの外部への販売、蓄電池や軽トラックのリースなどに一定の自由度を与えれば、関心を示す民間事業者はいるはずだ。公募条件に地域の企業の育成などを含めれば、長い目線での地域振興に役立てることもできる。こうした公募の結果、特定の事業者が複数の集落のエネルギーマネジメントを手掛けるようになれば、ある程度の広がりのある地域で再生可能エネルギー資源の利用、エネルギーの需給バランス、系統側との連携などが進むことになる。

（3）次世代エネルギーシステムづくりの ロードマップ

　ここまで、パワー半導体技術と中心として、複合都市拠点型、工場型、ニュータウン型、地方型のモデルについて述べた。こうした拠点を整備することは、本格的な低炭素時代に向けたエネルギー基盤を形成するだけでなく、燃料電池、パワー半導体、スマートハウス・シティなど日本が競争力を維持している技術の市場を拓き、AI／IoTに関わる先端的なビジネスの立ち上げに資する。壮大過ぎる構想に見えるかもしれないが、第１章で述べた日本の置かれた厳しい状況を切り抜け、次世代に向けた光明を見出すには、このくらい未来志向のビジョンが必要だ。以下では、これらの自律型エネルギー拠点の整備と「気体燃料to水素」のエネルギーシステムづくりのロードマップを考えよう（図表３－６）。

図表３－６－１　次世代エネルギーシステムの概要

	第一フェーズ	第二フェーズ	第三フェーズ
位置づけ	・エネルギーシステム整備の起点形成	・エネルギーシステムの拡大と国内での普及	・エネルギーシステムのグローバル展開
拠点整備	・先行事業となる拠点の確保 ・先行拠点における技術実証 ・拠点運営の体制整備	・国内拠点の拡大 ・連係機能の向上 ・運営事業者の育成	・国内市場の形成 ・広域送電とのベストバランス ・グローバル運営事業者の確保
インフラ整備	・気体燃料の事業環境整備 ・水素輸入のための提携国の確保、先行インフラの整備	・水素比率の向上 ・水素生成機能の拡大 ・内外水素流通の立ち上げ	・水素流通網の拡大・効率化 ・水素調達基盤の形成 ・完全水素流通への目途
技術開発	・拠点運営システムの開発 ・技術開発の核技術の抽出	・実証技術の経済性向上 ・中核技術の導入促進	・開発技術の競争力強化・グローバル展開戦略
その他	・技術開発の政策支援 ・適格運営事業者の抽出と支援	・政策的な支援枠組みの形成	・競争政策、グローバル展開政策

出所：筆者作成

図表3−6−2　次世代エネルギーシステムへののロードマップ

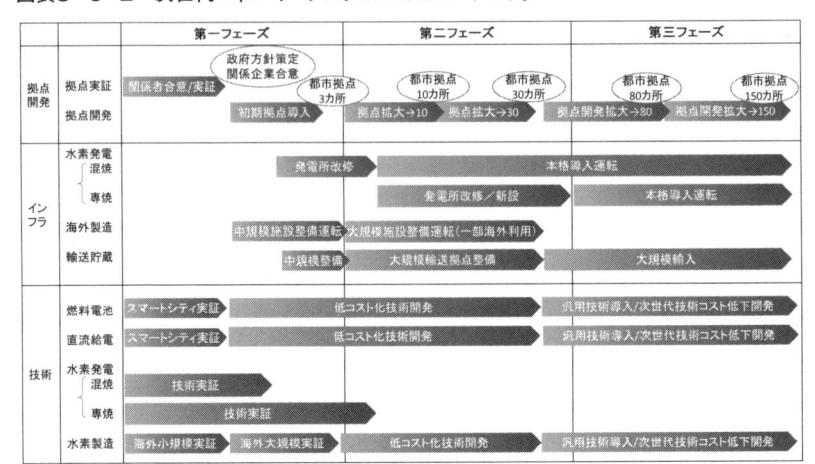

【第1フェーズ：基本システム構築段階】

自律型エネルギー拠点開発要素

　ここでの目的は、以下の点である

- 気体燃料時代の核となり、自律型エネルギー拠点に必要となる技術やシステムの開発。
- 自律型エネルギー拠点のエネルギーシステムや事業としての有効性、実現性の確認。
- 燃料供給インフラのための技術開発、一部のインフラ整備。
- 気体燃料時代に向けた方向性の明確化、合意形成。
- 海外からの水素調達のための用地選定など環境整備。

　拠点内では、以下のような技術、システムが必要となる（図表3−7）。

［燃料電池］

　現状の開発状況と商品化状況から、将来的に最も高いエネルギー効率と量産化が期待できる技術、容量を決める。個々の燃料電池の容量については、設置スペースや需要規模などを考慮し、種類を絞り込んでライン

図表3-7　自律型エネルギー拠点開発要素

技術	概要	開発要素
燃料電池	水素を燃料として化学反応で発電、SOFCは60％程度で高効率発電可能	計算機能力とナノ技術の向上で飛躍的に性能向上、汎用化が進行中
蓄電池	充放電を高効率で行うLiBが主流、太陽光発電などの変動吸収が可能	燃料電池同様、計算機とナノ技術向上で性能向上、汎用化が進行中
エネルギーマネジメントシステム（EMS）	拠点内の電力需給調整、需要側・供給側設備最適化、送電機関との連携	モニタリング機器の低コスト化、機器間の通信連携標準化が進行中
デジタルデータプラットフォーム	拠点内データを収集、蓄積、分析、広域のシステムメリットを創出	個人情報保護、データの標準化など連携促進、付加価値サービスが推進
燃料供給インフラ	水素、天然ガスなどの燃料供給、燃料の改質、混合で柔軟性確保	天然ガスパイプラインの効率利用、需要側機器の制御、更新の推進
拠点内電熱供給インフラ	電力だけでなく、コージェネレーションして熱を最大利用	熱供給ラインの柔軟化で低コストな敷設

出所：筆者作成

アップをつくる。大規模な都市拠点、工場については、複数の燃料電池を未利用空間などに分散配置し、統合的なマネジメントすることで必要な発電量を確保する。

［蓄電池］

域内の太陽光発電、風力発電からの電力の変動を吸収するための蓄電池については、EV、PHVの普及を見込んで、原則として自動車用蓄電池のリユース品を利用する。リユース品を利用するための品質確認、信頼性確保のための実証を行い、必要となる設備などの仕様を決める。大規模な太陽光発電設備のある拠点では、水素生産設備についても整備を検討する。

［EMS］

拠点のEMSには、3つの機能が必要となる。1つ目は、拠点内の電力の需給をバランスさせるための機能、2つ目は、拠点内の需要側機器、供給側設備の運転を最適化するための機能、3つ目は、電力広域的運営推進機関（OCCTO）などと連携して、広域の太陽光発電、風力発電の

変動を吸収するためのバランシング機能、である。こうしたシステムについては、国が開発を主導してライセンスを供与することにより、幅広い事業者が利用できる環境をつくる。

[デジタルデータプラットフォーム（DDPF）]

域内のエネルギーの需給データを収集、蓄積、分析し、MaaS などの広域システムと連携するためのシステムを構築する。それにより、域内の安全、効率的、快適な活動を支援するためのサービス、マネジメントを実現するとともに、需要家のプライバシーの保護などとのバランスを取るための仕組みを構築する。

[燃料供給インフラ]

燃料電池に燃料を供給するために、純水素、天然ガス、バイオバスなどを各々の性状に合わせて精製し、統合するためのシステム、パイプラインを整備する。

[拠点内電熱供給ライン]

燃料電池や蓄電池から域内の需要に対して電力、熱を供給するためのラインを整備する。

技術・システム開発のための実証期間

上記のうち、ハードウェアについては、今後の開発余地はあるものの、要素技術については概ね開発されている。新たな開発が必要なのは、気体燃料を精製し水素に統合して燃料電池に投入するシステムと電熱供給ラインである。3つの機能を持つEMSについても、新たな開発が必要になるし、運用を通じて有効性を検証していかなくてはならない。送電機関などとの調整も必要になる。こうした技術開発、ライン整備、システム開発は、実際の拠点での整備、運用を通じて行うしかない。そのために、拠点のカテゴリーごとにシステム実証のための拠点を複数選定し、そこに開発予算を集中的に投下していく。実証期間としては5年程度を見込めばよいのではないか。送電機関との調整機能などについての検証が必要な場合は、実証

期間に先立って２、３年のシステム開発期間を設ける。

　一方、最終段階に向けて、拠点以外でも開発・整備が必要な項目がある。国内に十分な再生可能エネルギー資源がある場合は、国内で生成した水素をパイプラインで送ったほうが効率的だ。しかし、日本のようにエネルギー需要が大きく国土が狭い国は、水素社会に向けて十分な水素を国内だけで生成することはできない。そこで必要になるのが、海外で生成した水素を国内に運ぶための供給ラインだ。そのためには、海外での水素生成機能、海外での水素の液化・積み出し機能、液化水素の海上輸送機能、国内での液化水素受け入れ機能、国内での水素の供給ラインが必要となる。海外での水素生成については、褐炭からの水素生成などの当面の水素確保のためのルート開発、メガソーラーからの水素生成といった最終ゴールのための可能性検討の両面に関する取り組みが必要となる。

気体燃料ライン整備への合意づくり

　液化水素の積み出し、海上輸送、受け入れについては、既に技術開発が進んでいる。水素社会に向けた過渡的なステップとして気体燃料時代を設定した場合に重要なるのは、国内での水素の供給ラインである。水素と天然ガスなどの既存燃料のラインを並列しようとすると、水素の供給ラインの整備に膨大なコストがかかるうえ、いつ来るともわからない水素社会に向けた回収が見えなくなる。これが水素社会に向けた取り組みを躊躇させている。そこで、気体燃料時代に天然ガス、バイオガスなどと水素混合させ、徐々に水素の比率を高めていく。こうすることで純水素ラインへの先の見えない投資リスクから開放される。また、海外からの水素の供給ラインも水素の含有比率に合わせて徐々に容量を拡大していけばよいので、投資リスクは小さくなる。経済的には、既存のガスと水素の供給ラインを並列させるよりはるかに望ましいはずだが、技術、合意形成の面の壁は高い。

　技術的には、水素を混合させると、末端の熱供給設備などで燃焼が不安定になるなどの問題が起こる。重要なのは、こうした問題がどのくらいの

比率で起こるかだ。混合ガスを使う殆どの設備で燃焼の不安定さが問題になるのであれば、水素と天然ガスを混合するのは難しくなる。しかし、問題になる設備が全需要の一部であるのなら、対象となる設備に関する技術開発のための投資をしたほうが社会的に見て効率的だ。実際に、ガスタービンでは、既存設備で水素を20％程度まで混合するための実証が行われている。こうした設備については、水素が一定割合になるまでは既存設備で混合気体を受け入れ、並行して一定割合を超えるまでに水素比率の高い混合気体を受け入れるための技術を開発して、設備更新の時期に合わせて新技術を導入していけばよい。これまでの歴史を見ても、燃料転換は半世紀の計であるから、発電設備の更新スケジュールを利用したインフラの移行は十分に可能なはずだ。燃料電池のコストと発電性能を見て、大型水素タービンを上回るようになれば、更新に当たっては、積極的に燃料電池の分散型エネルギーへの移行を促す政策を取っていくことも考える。

　最も重要なのは、水素社会に向けた技術を開発するメーカー、混合気体を受け入れるエネルギー会社が、信頼できる政策方針とロードマップを示せるかどうかだ。それができなければ、水素社会は、既存の化石燃料と多くのインフラを並列するという膨大な投資を前提とすることになる。世界中でそんなことができるのは、巨大な経済力と豊富な開発余地を擁する中国くらいだろう。筆者らは、拙著『中国が席巻する世界エネルギー市場 リスクとチャンス』（2019年1月、日刊工業新聞社）で、太陽光発電、風力発電、原子力発電、石炭火力、などが中国に席巻されつつあるエネルギー市場に警鐘を鳴らした。その中国は、水素社会に向けても積極的な技術開発投資を行っている。気体燃料時代に向けた合意を形成することができなければ、日本をはじめとする先進国は、水素社会に向けて中国に大きくリードされる可能性がある。燃料転換というまさしく世紀の大事業を成し遂げるためには、既存のインフラに関する数々の既得権や資産を抱える先進国は、新興国に比べて不利な状況にあるという認識を持つことも大切だ。歴史を振り返れば、燃料転換のような歴史的なターニングポイントで

世界の勢力図がガラっと変わることがあっても何の不思議もないことがわかる。既存の技術体系に固執して立場を逆転される側になるのか、トレンドを先取りして逆転する側になるのかは国や企業の戦略によって変わる。

【第2フェーズ：面展開段階】

この段階での目的は以下のとおりである。
- 第1フェーズで先行的に開発した拠点の事業化。
- 先行開発拠点に続く拠点の選定、拠点の普及。
- 拠点運営事業者の輩出支援。
- 水素供給ラインの拡張。
- 水素社会に向けた技術開発。
- 海外からの水素調達のためのインフラ整備。

経済・社会両面で効果のある自律型エネルギー拠点

自律型エネルギー拠点が普及するためには、民間事業者が投資、運営できる市場づくりが必要になる。そのために欠かせないのは、先行して開発された拠点が事業として成立することである。したがって、第1フェーズでの実証では、経済性に関する評価も重要になる。自律型エネルギー拠点は、外部経済効果を発揮する事業になるはずである。まず、当該拠点が整備され、域内での需給バランスを図ったり、広域的な再生可能エネルギーの変動吸収との連動を図ったりすることで、社会的に再生可能エネルギーの導入コストを削減することができる。省エネルギー政策の後押しともなる。再生可能エネルギーの変動を吸収するためにEVやPHVの充電を促すことになるだろうから、これらの普及策を後押しすることにもなる。さらに、エネルギーの自立を目指すから災害対策にもなる。こうした拠点が広く整備されることになれば、地域の防災拠点にもなる。結果として、魅力ある都市、地域、産業の拠点ができることになるから、経済振興にも貢

献するだろう。

　産業面での効果も大きい。後述するように自律型エネルギー拠点を軸とした「気体燃料to水素」の政策を進めれば、数多くの分野で日本の産業の競争力を高めることができる。

　EMSなどでスマート化され、エネルギーもクリーンでセキュアになるのだから、不動産としての価値は高まる。それをもって、拠点としての投資回収に充てればよいという意見もあるだろうが、これだけの社会的な効果がある事業を民間の資金だけに委ねるのは合理的ではない。

　2012年に刹那的に導入され、電力料金を通じて国民に毎年2兆円以上の負担をかけたFITは、どれだけの効果があったのだろう。設備容量で7000万kW程度の太陽光発電が導入されることになりそうだが、エネルギーミックスとして、10兆円を超える投資に見合う価値があったのかどうか極めて疑問だ。産業面では、中国勢の国内シェア拡大を許し、日本のパネルメーカーは存続が危ぶまれている状況に陥っている。産業だけ見れば、FITなどやらずに淡々と住宅用太陽電池で培った知見を拡大し、世界市場に通じるパッケージシステムをつくっていたほうがよかったかもしれない。

　日本のFITがエネルギー政策としても、産業政策としても低く評価せざるを得ない結果となった最大の原因は、東日本大震災後の不安を背景に煽られたエモーショナルなムードに政策が乗ってしまったことだ。冷静になって見れば、所詮10年も前にドイツで導入された制度を焼き直したところで、世界で通用する産業などできる訳がない、という当たり前の現象が起こっただけともいえる。グローバル市場は二番煎じが通じるほど甘い市場ではないのだ。本書で述べているとおり、世界的に見れば、FITは再生可能エネルギーの導入拡大に歴史的な貢献を果たしたが、送電線の中の電力を低炭素化する手法としては限界がある。今、世界が見出さなくてはならないのは、ポストFITとなる低炭素化のための手法だ。その目指すべき究極の目標が水素社会であることは多くが賛同するところだ。それを

実現するための懸け橋となるのが気体燃料時代であり、その受け皿となるのが自律型エネルギー拠点なのである。かつての省エネ技術のように、日本が環境技術でもう一度世界をリードする局面に立てるとしたら、未来に向けたビジョンを掲げるところから道のりが始まるはずだ。

自律型エネルギー拠点運営者の育成

　前置きの説明が長くなったが、上述したような社会的な効果に加えて、環境産業で日本が返り咲くための戦略としての意義があるなら、気体燃料時代と、その重要な受け皿となる自律型エネルギー拠点に投資が集まるような政策的枠組みがあってよい。具体的には、自律型エネルギー拠点のための投資を行った事業者に対する投資に関する補助金、税制措置といった支援に加えて、不動産関連の税制面での優遇、拠点に立地する企業に対する税制面での優遇、さらには再生可能エネルギーの変動吸収の貢献に見合った還付金などの支援をパッケージとして提供してはどうか。水素燃料への転換を促すためには、将来の低炭素効果を先取りするとの意味で、水素混入のための設備、水素配管の整備のための投資に関して公的資金を投入できる仕組みを検討することも考えられる。

　第1フェーズでは、自律型エネルギー拠点の効果を検証しながら、こうした支援策の内容や妥当性を検討する。そのうえで、第2フェーズでは、支援策を実行し、拠点の普及拡大を図る。

　日本が住宅用太陽電池の仕組みにより、太陽光発電の市場をリードしながら、FITを背景としたドイツ勢とグローバル戦略を背景とした中国勢の前に脆くも陥落してしまったのは、政策の視点を技術から事業に転換できなかったからだと述べた。自律型エネルギー拠点については、こうした反省に立ち、第2フェーズでは、拠点を運営する競争力のある事業者をいかに育てるかという観点を重視する。

　自律型エネルギー拠点は、どのような事業者が運営することになるのだろうか。六本木ヒルズのような大型都市拠点は、当然そこを開発運営した

不動産事業者になるだろう。しかし、不動産事業者がEMSやDDPF、燃料電池や水素生成設備を含む燃料供給ラインを自主開発するのは荷が重い。自律型エネルギー拠点の開発で不動産の付加価値は上がるが、開発コスト、開発にかかる陣容などを考えると、横展開によるメリットがなければ、上述した支援策があっても手を出さないかもしれない。

　ニュータウンになると状況はもっと厳しい。大手の不動産事業者が開発し、開発後も自ら運営しているところもあるが、売りっぱなしのところや公共団体が開発した用地で中小の不動産事業者が区画ごと販売したところもある。自律型エネルギー拠点の運営者は実質的に不在という、のが実態に近い。地方都市や山間部の農村ではなおさらだ。工場は管理者がいるが、ESGなどに関する感度の高い有力な企業でもない限り、自律型エネルギー拠点のためのシステムやインフラの整備を担えるだけの人材はいないだろう。

　こうして考えると、自律型エネルギー拠点が普及していくために必要なのは、以下のような業容を有する自律型エネルギー拠点のためのシステム、設備の整備、運営を担うアウトソーサー（自律型エネルギー拠点アウトソーサー）である。

- 燃料電池、水素供給システム、気体燃料の調達・生成システム、電熱供給ライン、蓄電池、水素精製設備などからなるエネルギーシステムの整備、運用。
- EMS の改修、運用。
- DDPF の開発、運用。
- 送電事業者との連携。
- MaaS 事業者などとの連携。
- 上記のために必要な資金調達、ハードウェア、ソフトウェアなどの資産の所有。
- 自律型エネルギー拠点運営者に対する上記のサービスの提供。

　つまり、個々の拠点においては不動産事業者（複合都市拠点、ニュータ

ウン）、工場所有者（工場）、公共団体（ニュータウン、地方都市）、地域事業者（ニュータウン、地方都市）が自律型エネルギー拠点の所有、運営者となり、自律型エネルギー拠点アウトソーサーが複数の拠点に対して、上述したようなシステム、設備の整備と運用のサービスを提供するという産業モデルである。

　したがって、自律型エネルギー拠点のロードマップの中には、自律型エネルギー拠点アウトソーサーを育成するためのプログラムが含まれなくてはならない。具体的には、第1フェーズの実証段階から自律型エネルギー拠点アウトソーサーが参加することを公募の条件とし、実証を通じて事業者としての評価を行い、適切な評価を得た事業者に対して第2フェーズにおける支援策を集中する。自律型エネルギー拠点アウトソーサーの事業がある程度軌道に乗ったところで、第3フェーズにかけて競争を促し、事業者間での淘汰、統合、あるいは力のある企業による吸収を進め、国際的に競争力を発揮できる事業者の育成を図るといったコンセプトだ。

自律型エネルギー拠点アウトソーサーへの参入企業

　自律型エネルギー拠点アウトソーサーには、さまざまな企業の参入が考えられる（図表3−8）。

　まずは、大規模都市拠点の本家である大手不動産事業者が考えられる。ドライに自律型エネルギー拠点のシステムは外部化するという判断もあり得るが、自律型エネルギー拠点が普及するようになると、そのためのシステム、設備が不動産価値に影響を及ぼすことになるため、自律型エネルギー拠点アウトソーサーの運営に関与できる立場を確保しようという判断もある。

　大手ゼネコンも参画意欲を持つだろう。不動産の価値が自律型エネルギー拠点のシステムに影響を受けるようになり、それに関与できないようだと、ゼネコンは躯体の企画、設計、建設でしか勝負できなくなる。

　大手IT事業者も積極的に参画するだろう。既に大手IT会社はグローバ

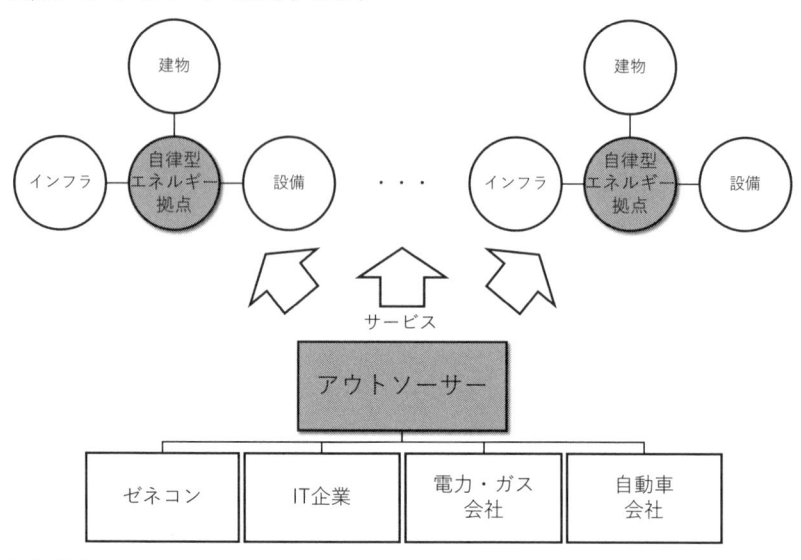

図表3−8　アウトソーサーのポジショニング

出所：筆者作成

ル市場で大きな影響力を持っているが、データビジネスの本格的な進化は
これからである。IoTによってあらゆるモノからデータが発せられるよう
になると、これまでのネット上のデータよりはるかに大量のデータが生ま
れるからだ。ただし、そのデータはハードウェアなどと密着しているだけ
に、これまでのようにIT企業の独壇場とはならない可能性がある。そし
て、多くのヒトとモノ、情報が集中する都市拠点はIoTデータの宝庫とな
る。大手IT事業者としての主導権を確保したい市場になるはずだ。

　エンジニアリング会社は、これまで得意としてきたプラント事業の採算
性が低下している。化学プラントなどは、既に新興国企業が競争力を発揮
している。火力発電分野では、世界有数の競争力を誇ってきたが、パリ協
定合意以降の再生可能エネルギーの急速な普及と低コスト化、石炭火力へ
の強烈な逆風で事業環境が悪化している。新たな事業領域の開拓は喫緊の
課題だ。都市拠点を対象としたエネルギーシステムは、日本企業ならでは

のきめ細かい設計・運営能力を活かせるうえ、IoTへのキャッチアップを図る絶好の機会だ。

電力、ガス会社は、自律型エネルギー拠点アウトソーサーのビジネスに積極的に参画することが期待される。電力会社が参画意向を示すかどうかは、自律型エネルギー拠点の普及に大きな影響を与える。分散型エネルギーシステムについては、電力会社の大規模集中型のエネルギーシステム（大型の発電所を集中的に整備し、広域送電網の電力を送り届けるシステム）の対立概念とされ、普及が阻まれてきた歴史があるからだ。しかし、省エネと人口減少で電力需要が確実に減るうえ、さまざまな事業者が参画する再生可能エネルギー事業のシェアは増える。国内に留っている限り、従来のビジネスモデルに成長余地はない。エネルギーに関する豊富な知見を活かして需要側の付加価値の高い事業に参画することは、新たな成長に向けた活路になる可能性がある。ガス会社は、電力会社に比べて都市開発に積極的に参画してきた歴史がある。自律型エネルギー拠点の整備で、こうした流れが加速することを期待したい。

メーカーについては、どの分野でもハードウェアだけでは差別化を図れなくなっている。オペレーションやサービスを付加することは商品としての差別化を図るひとつの方法だ。その際に重要になるのは、ユーザーの動向をいかに把握するかだ。多くの人の活動形態がわかる都市の運営は、そのための絶好の機会だ。

自動車会社の参画も考えられる。CASE（Connected, Autonomous, Share & Service, Electrical）は、2つの意味で自動車が都市とConnectedすることを意味している。ひとつは、データやコンテンツのConnectedだ。そして、もうひとつは、エネルギーシステムとしてのConnectedだ。本書でも述べたとおり、EVやPHVは、太陽光発電の変動を吸収する重要な手法となる可能性がある。

このほか、商社や金融機関も重要なプレーヤーとなるだろう。

燃料供給インフラについては、第2フェーズは、気体燃料の供給ライン
の拡大を図る段階である。各カテゴリーの自律型エネルギー拠点の整備と
並行して、天然ガスやバイオガスと混合した気体燃料を供給するラインを
拡大していく。今まで自家発電のなかった拠点では、新たなラインを建設
することになるが、供給ラインの中心となるのは、既存の天然ガス供給ラ
インの活用である。第1フェーズで気体混合の合意を形成したうえで、既
存の供給ラインの機能向上を図るとともに、気体燃料の供給エリアを拡大
していく。

　水素については、海外からの調達ラインをどれだけ整備できるかが鍵を
握る。そのためには、褐炭のような化石燃料由来の水素供給ラインを軌道
に乗せるのに合わせて、将来に向けた再生可能エネルギー由来の水素の生
成のための商業ベースのプラントを整備することを目指す。

【第3フェーズ：本格展開段階】

　ここでは以下のような目標を掲げる。
- カーボンフリーのエネルギーシステムを形成するために必要となる自律
  型エネルギー拠点の整備と、カーボンフリーエネルギー導入への目途。
- グローバル市場で競争力を獲得できる自律型エネルギー拠点アウトソー
  サーの育成。
- 自律型エネルギー拠点の国際展開。

未来のエネルギーミックス

　第2フェーズの前半までに、次世代のエネルギーシステムの完成形に関
する合意を形成しなくてはならない。2030年のエネルギーミックスの数
字や、再生可能エネルギーの送電網への接続限界などを念頭に置くと、そ
れは以下のようなものになるのではないか（図表3－9）。
- 広域送電網と自律型エネルギー拠点の発電シェアを6対4程度とする。

図3-9 未来のエネルギーミックス

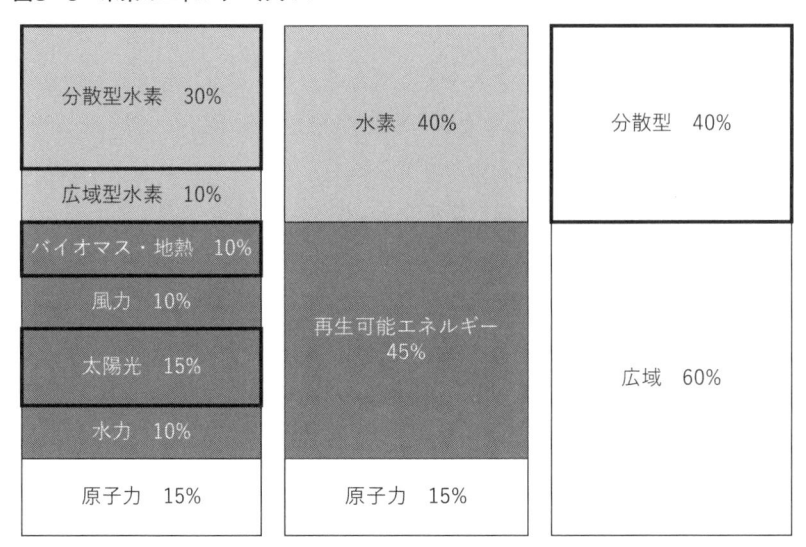

注：太陽光とバイオマスの約半分を分散型と想定

出所：筆者作成

- 広域送電網に接続する再生可能エネルギー（大規模水力を含む）を送電網内発電量の50%強導入する（自律型エネルギー拠点の変動吸収力により上積み）。
- 原子力発電を送電網内発電量の15%程度維持する。
- 送電網内発電量の15%程度を水素発電で賄う。
- 熱需要の20%程度をコージェネレーションで賄う。
- それ以外の熱需要は水素燃料で賄う。
- 自動車需要の半分程度を水素燃料で賄う（残りは電気）。

　こうして見ると、もし水素燃料への移行が実現できないと、人類は、いつまで経っても化石燃料依存から脱却できないことがわかる。カーボンフリーも絵に描いた餅となるし、次世紀に確実にやってくる化石燃料の枯渇にも対応できない。原子力発電の意義に関する議論は、本書の範疇ではな

いが、火力に依存せずに原子力をなくすためには、その分、本気になって水素発電を拡大しなくてはならない。

　上述したエネルギーミックスを成り立たせるためには、膨大な量の水素が必要となる。第2フェーズは、そのための受け皿づくりの段階であり、第3フェーズは、気体燃料に合わせて整備したインフラにどんどん水素を充てんしていく段階ということができる。したがって、第3フェーズにおける最大の整備対象は、水素の供給ラインということになる。日本のように国内に十分な再生可能エネルギー資源のない国は、オーストラリアなど広大な国土を有し、高効率で太陽光発電ができる国と提携し、安定して水素を調達できる環境を確保しなくてはならない。それは石油、天然ガスのためにつくったグローバルな調達ラインをつくり直すことを意味している。そのために必要となる期間は、過去の燃料転換の例を見ても、20年、30年はかかることになろう。

　水素を消費する側では、第2フェーズでつくった流れに乗って、自律型エネルギー拠点、水素発電設備、水素ステーションなどのインフラを着々と整備する。そうして整備された需要側の容量に、20年、30年かかって水素の供給量が追いつくという構図だ。

　以上のように考えると、気体燃料時代の立ち上げから水素社会の完成までにかかる期間は、概ね以下のように想定できる。

　第1フェーズ：数年程度すなわち2020 〜 2020年代後半

　第2フェーズ：10数年程度すなわち2020年代後半〜 2040年

　第3フェーズ：10 〜 40年すなわち2040 〜 2060年

ビジョンと構造転換重視のエネルギーミックスを

　こうしたロードマップは、「2030年のエネルギーミックス（以下、「2030エネルギーミックス」）」の達成や、各国が2030年に向けた目標を掲げていることと齟齬をきたす面もある。2015年に提示された「2030エネルギーミックス」は、2016年にパリ協定が批准されたことを受けて見直しが

期待されたが、2018年に閣議決定されたエネルギー基本計画に踏襲された。「2030エネルギーミックス」に固執していたというより、達成の見込みが立たないなかで、それに上積みするような計画を示すことはできなかったからだろう。再生可能エネルーの導入量やコスト低減に限界がある日本では、抜本的な策を講じない限り「2030エネルギーミックス」を上回り、世界が納得するエネルギーポートフォリオを示すことはできない。原子力発電に対する不信が払しょくできないなかで、原子力は、かつてのルネッサンスの復活どころか、維持することさえ危ぶまれている。欧州がリードしてきた「送電線内の電力のグリーン化」の範疇の中で、日本が世界を納得させるエネルギーミックスを示すことは難しい。また、そもそも「送電線内の電力のグリーン化」は、化石燃料に頼らないエネルギー社会に向けた過渡的なアプローチに過ぎない。それに縛られ、実現の難しい数字合わせのエネルギーミックスを示すより、現状アプローチの限界を示し、本当の意味での脱化石燃料に向けたチャレンジをコミットすることが、日本が取るべき姿勢ではないだろうか。そのためには現状、水素燃料への転換以外に「具体性のある」方策を見出すことはできないし、既存のエネルギーシステムの構造転換が必要になるはずである。

産業を革新する「気体燃料 to 水素」戦略

「気体燃料 to 水素」のエネルギー戦略は、太陽光発電での経験を活かした産業戦略にもなる。太陽光発電では、住宅用太陽電池という精緻なシステムに注力し過ぎたため、市場としての広がりを捉えることができず、グローバルなFIT市場を背景とした中国勢に国内市場をも席巻された。これに対して、「気体燃料 to 水素」戦略は、以下のような技術、システムについて、民間投資を背景とした市場を提示することができる。

• パワー半導体
• 燃料電池
• EV、PHV、燃料電池自動車

- EMS
- 系統連動型の充電システム
- EMS と系統の連携システム
- P2G 設備
- 水素の貯留、輸送設備
- 水素、気体燃料の調整設備
- スマートハウス
- スマートシティのコアとなる複合開発パッケージ

　日の丸半導体は、韓国、台湾、アメリカに席巻されたように見えるが、パワー半導体については、競争力を維持している。自動車から設備に至る広い分野で電化が進むなか、パワー半導体は今後の成長産業になるが、それをエネルギーシステムの中に位置付けることで、市場としての広がりや技術のバラエティが格段に向上する。市場規模が拡大するうえに、用途も豊富になり、サービスと連携することもできるのだから、日本が再び半導体大国に返り咲ける可能性もある。

　EV は、世界中の自動車会社が注力している。課題だった航続距離も相当に改善されたが、EV の最大の課題は充電時間である。80% 充電に 30 分もかかるようでは、EV が半分を占めるような時代は来ない。中国では、蓄電池着脱式の EV が市販されているが、ただでさえ高い蓄電池を余計に保有しなくてはいけないことになる。結局、リチウムイオン電池が電源である限り、EV の課題は根本的に解決されない。次世代の自動車の中心は PHV であり、そのバリエーションの中に燃料電池自動車がある。燃料電池自動車の普及のひとつのハードルが水素ステーションのコストである。水素ステーションの大きなコストとなるのが水素タンクなので、水素供給ラインが普及すればコストは大幅に下がる。現状では、コスト的に EV が優勢だが、リチウムイオン電池に換わる蓄電池を開発することができず、水素供給ラインが普及したとき、軍配は燃料電池自動車に上がるかもしれない。そこで、「気体燃料 to 水素」は二兎を追う戦略を可能とする。

　EMSは、HEMS、ビルエネルギーマネジメントシステム（BEMS）として普及しているが、施設ベースに留まっていると競合も多く、国際的に競争力を持てない。そこで、都市拠点、工場、地方都市、ニュータウン向けにパッケージ化されたCEMSを開発すれば、EMSの進化を先取りすることができる。CEMSについては、域内の需給を制御するだけでなく、送電事業者と連携して再生可能エネルギーの変動を吸収するための機能も重要になる。送電事業者からの再生可能エネルギーの発電力予測を受けて、需要側に省エネや電力の積極的利用、あるいはEVへの充電を促すためのコミュニティ独自のアクションを取り、変動吸収予測を送電事業者に連絡するためのシステムである。拠点の運営とともに、そうした機能が開発されれば、世界の市場を先行することができる。

　EVの充電システムについては、中国がEV以上のシェアを持っている。再生可能エネルギーを大量導入する際に必要になるのは、太陽光の発電量に合わせて充電するためのシステムである。そのためには、指定された時間に充電するための遠隔制御機能、予約・課金・呼び出しなどのシステムが必要になる。EVの蓄電池については、V2Hが注目されているが、電力システムの観点で重要になるのは、PV2Vなのである。自律型エネルギー拠点の整備に伴って、エネルギーシステムのニーズを先取りしたソフトを組み込めれば、グローバル市場でも差別性を発揮できる可能性がある。

　P2Gのための設備は、水素時代に向けて大量に必要とされるようになる。化石燃料由来の水素の時代がしばらく続くだろうから、時期的にはだいぶ先の話になるが、世界的に水素の需要が生まれると、ある時点で市場が急拡大するはずだ。そのときを目指して、「気体燃料to水素」の時代から効率性や安全性などでリードするプラントを開発すれば、比較的小さなリスクで将来の巨大市場をリードできる可能性がある。

　水素は、「生成」⇒「パイプライン」⇒「液化プラント」⇒「貯留タンク」⇒「液化水素運搬船」⇒「貯留タンク」⇒「パイプライン」⇒「水素ステーション」といった流れで、海外から国内に運ばれ、利用される。気体燃

料時代には、貯留タンクの水素は熱量調整設備を経て天然ガスのパイプライ
ンなどに混入される。上述したように、気体燃料ボイラのように混合気
体の調整が必要な需要側施設には、安定燃焼のための調整装置を取り付け
る。こうした一連の水素供給ラインの効率性は、個々の設備も然ることな
がら、水素や天然ガスの貯蔵、供給設備、熱量調整装置などを、どのよう
に配置するかに関するノウハウが重要となる。そのうえに、ラインを管理
する制御システムが加わる。「気体燃料to水素」のインフラは、時間によ
って変化する全体システムだから、先行してノウハウを培った国が強い。

　このように、自律型エネルギー拠点の整備は、幅広い産業の国際的な競
争力を高める可能性を秘めている。

中核となるスマートハウス・ビル・シティ

　そのなかでも、注力すべきなのがスマートハウス、スマートビルディン
グ、スマートシティである。

　ニュータウン型の自律型エネルギー拠点は、将来的にはFujisawa SST
と同じように、スマートハウスの集合体となる。スマートハウスはカーボ
ンフリー時代には欠かせない生活空間システムとなる。太陽光パネル、燃
料電池、蓄電池、HEMSなどを取り付けること自体は難しくないが、そ
れを便利で快適で安心な住居のシステムに仕上げるには多くのノウハウが
必要になる。住宅を売ったあとのサービスもハウスとしての付加価値を構
成するようなる。住宅の隅々まで気を使う日本ならではの品質と、アフタ
ーサービスを含めた信頼性が競争力となる。ジャパンブランドを冠した商
品づくりも期待できる。その意味で、他国が容易に追随できない商品とい
える。それがシティとなってハウスと二重の便利、快適、安心をつくり上
げれば、競争力は一層高まる。

　オフィスビルも、躯体設計やテナントの配置などを含めたスマートビル
ディングについて、日本は高い競争力を持っている。これまでは、建設コ
ストの問題などもあり、日本の建設産業の海外展開は活発とはいえなかっ

た。ビルのスマート化、特に本書で述べているレベルのスマート化が進む
と、ビルのライフサイクルコストに占める設備・機器・システム、サービ
スのシェアが増える。それは、ビルに関するエンジニアリング機能と顧客
サービスの価値が高まることを意味しているから、建設業界については、
新たな展開の可能性が拓けてくる。

　オフィス、ホテル、商業施設、集客施設が集まった都市拠点型の自律型
エネルギー拠点は、日本のスマートシティの戦略パッケージになる。10
年前、再生可能エネルギーとエネルギーマネジメントを備えたエコシティ
がスマートシティの代表だった。その多くが初期の目標を達成できなかっ
たが、10年の時を経て、デジタルシティとしてのスマートシティに注目
が集まっている。

　注目を集めるひとつの理由は、自動車業界にAI／IoTが実装し始めた
からだ。ライドシェア、自動運転、MaaSなど革新的な技術とビジネスモ
デルが、巨大産業の構造を揺るがそうとしている。同時に、AI／IoTを
搭載した自動車が走り回り、同じくAI／IoTを備えた信号システムなど
のインフラと連動することで、都市がAI／IoTでネットワークされるよ
うとしている。歴史的に見ると、交通インフラの整備は都市の在り方を変
えてきたから、AI／IoT が組み込まれたモビリティシステムが、鉄道や
自動車の普及と同じくらい都市の在り方に影響を与えても不思議はない。
10年前のエコシティブームのときも、交通システムと連動したCEMSが
構想されていた。しかし、当時の情報通信技術のレベルとコストでは、事
業として実現するのは難しかった。また、MaaSのようなコンセプトの実
現可能性もなかったし、都市の運営に関わることができる強力なプラット
フォーマーもいなかった。それが、ITの急速な進化で何十年もの都市の
夢が実現するかもしれなくなっている。

日本の強みは都市コンテンツ

　デジタルデータを駆使した次世代型のスマートシティで世界の先端を走

っているのは中国である。中国が次世代型スマートシティの先端を走っている理由はいくつかある。

1つ目は、いまだに都市人口が増えており、新しい都市を建設する必要があり、その都市は環境性が高く、効率的に管理できる必要があることだ。

2つ目は、新しい都市の建設については開発事業を行うための開発公司と、それを行政的に管理するための管理委員会が設立され、特定の範囲の地域を統括的に整備、運営する体制が明確になっていることだ。

3つ目は、アリババ、テンセント、バイドゥ、ファーウェイなど、世界的にもトッププレイヤーにいるIT企業が存在し、スマートシティの運営に関わっていることだ。

4つ目は、行政と企業の運営体制ができていることだ。この点は、米中摩擦で批判されているように政府と企業が一体化しているとの批判もあり得るが、契約に基づいて行政から企業にITの整備、運営が委託されているという実務的な実態もある。

5つ目は、中国のAI、IT、あるいはEVの技術が驚くほど進歩していることだ。その実力は、日本での一般的に理解されているレベルをはるかに超える。

中国は、自国のスマートシティで培った技術を海外展開することも当然考えているはずだ。本書で述べているように、エネルギービジネスがグローバルであることを考えるなら、日本のスマートシティ戦略は、中国のこうした現状を踏まえたものでなければならない。上述した1〜4番目は、日本にはない中国の強みであり、日本が張り合うことはできない。5番目の技術力について、もちろん日本の技術力が全般的に劣る訳でないが、AI、IT及びEVの商品化については、後塵を拝していると認めざるを得ない。

そうした意味で、日本が力を入れるべきなのは、本書で述べている拠点単位のスマートシティ機能である。その理由は以下のとおりだ。

1つ目は、六本木ヒルズをはじめとする都市拠点、Fujisawa SSTのよ

うな先行事例が既にあるからだ。こうした事例については、中国も高く評価している。

2つ目は、複合開発としてのつくり込み、テナント、デザイン、サービスなどについて、日本の複合開発拠点が競争力を持っているからだ。ここに品質に関するジャパンブランドを冠すれば、当分の間、競争力を維持することができる。

3つ目は、上述したように日本の産業力を活かせる分野であるからだ。メガプラットフォーマー不在という劣勢をカバーできる事業範囲であることもポイントだ。

4つ目は、中国のスマートシティとの協働ができることだ。中国のスマートシティの平均的な開発規模は数十平方キロであるのに対して、日本の複合開発拠点は数〜数十ヘクタール程度と規模において2桁の開きがある。中国のスマートシティは、行政区の運営であるのに対して、日本の複合開発拠点は、巨大不動産であることが規模の違いの理由である。

中国は、スマートシティを建設するに当たり、都市としての魅力をどのようにつくるかを腐心している。奇抜な設計など最近の中国ならではの技術力もあるが、日本の大型都市拠点については、今でも魅力を感じている。そこで、中国が開発する行政区単位のスマートシティのCBD（新規中心業務地区）として日本の複合都市開発が立地する、あるいは上質な居住空間として日本型の次世代ニュータウンが位置づけられる、という協働が成り立つ。中国国内だけでなく、一帯一路の開発でも成り立つ構造である。自律型エネルギー拠点の立ち上げについては、こうした海外諸国との協調と競争の視点が欠かせない。

変革を先取りする意思だ。日本を再生するのは本書では、パワー半導体領域の拡大を軸としたグリッド・トランスフォーメーション、究極の持続的燃料の供給を目指したフューエル・トランスフォーメーション、エネルギーデータが巨大な付加価値となるエネルギーデータトランスフォーメー

ションという、エネルギーを取り巻く3つの大変革、さらにそれに応じた日本の戦略について述べた。まだまだ先のこと、そんなことが起こるのかと思う読者も少なからずいるだろう。そうした意見があるのは当然である。しかし、パワー半導体の進化で需要側にかつてない制御機能が生まれていることは確かだし、真面目に脱炭素と化石燃料の枯渇を考えたとき、水素以外の選択肢が見つからないほど現代文明が追い詰められているのも事実だし、エネルギーデータの価値を考えないことなどあり得ない。すべて起こり得ることなのである。

こうした発想に対して否定的な人は、2000年前後に太陽光発電が最も安い電源となることがあり得ると考えただろうか。あるいは、2010年前後に中国にGAFAも恐れるようなメガプラットフォーマーやIT企業が登場すると考えただろうか。昨今の日本の競争力の低下は、あり得る将来をシニカルに捉えるところからグローバルレベルの競争力は含まれない。

今、日本に必要なのは、起こり得るトレンドを真正面から捉え、大胆な構想を描き、実行するための意思であり、この四半世紀、日本が経済でも政治でも世界的な地位を低下させた原因は、そうした意思が欠けていたことであるという認識ではないのか。

本書が、将来のあり得ることへの議論の盛り上がりに多少なりとも貢献できるのであれば望外の喜びである。

〈執筆者紹介〉

井熊 均 （いくま・ひとし）
株式会社日本総合研究所 専務執行役員 創発戦略センター所長

1958 年、東京都生まれ。1981 年、早稲田大学理工学部機械工学科卒業。1983 年、同大学院理工学研究科修了。1983 年、三菱重工業株式会社入社。1990 年、株式会社日本総合研究所入社。1995 年、株式会社アイエスブイ・ジャパン取締役。2003 年、株式会社イーキュービック取締役。2003 年、早稲田大学大学院公共経営研究科非常勤講師。2006 年、株式会社日本総合研究所執行役員。2017 年、専務執行役員。環境・エネルギー分野でのベンチャービジネス、公共分野における PFI などの事業、中国・東南アジアにおけるスマートシティ事業の立ち上げなどに関わり、新たな事業スキームを提案。公共団体、民間企業に対するアドバイスを実施。公共政策、環境、エネルギー、農業などの分野で 70 冊以上の書籍を刊行するとともに政策提言を行う。
＜株式会社日本総合研究所・研究員紹介ページ＞ https://www.jri.co.jp/page.jsp?id=4693

瀧口 信一郎 （たきぐち・しんいちろう）
株式会社日本総合研究所 創発戦略センター シニアスペシャリスト

1969 年、福岡県生まれ。京都大学理学部を経て、1993 年、同大大学院人間環境学研究科修了。テキサス大学 MBA（エネルギーファイナンス専攻）。東京大学工学部（客員研究員）、外資系コンサルティング会社、Ｊリート運用会社、エネルギーファンドなどを経て、2009 年、株式会社日本総合研究所に入社。現在、創発戦略センター所属。専門はエネルギー政策・エネルギー事業戦略・インフラファンド。著書に『中国が席巻する世界エネルギー市場 リスクとチャンス』、『2020 年、電力大再編』、『続 2020 年、電力大再編』、『電力小売全面自由化で動き出す分散型エネルギー』、『電力小売全面自由化で動き出すバイオエネルギー』（以上、共著・日刊工業新聞社）など。
＜株式会社日本総合研究所・研究員紹介ページ＞ https://www.jri.co.jp/page.jsp?id=3280

木通 秀樹 （きどおし・ひでき）
株式会社日本総合研究所 創発戦略センター 部長（IoT 推進担当）
東京大学 先端科学技術研究センター シニアプログラムアドバイザー

1997 年、慶応義塾大学理工学研究科後期博士課程修了（工学博士）。1988 年、石川島播磨重工業株式会社（現・株式会社 IHI）入社。ニューラルネットワークなどの知能化システムの技術開発を行い、環境・エネルギー・バイオなどの制御システムを開発。2000 年、株式会社日本総合研究所に入社。現在に至る。再生可能エネルギー、水素などの技術政策の立案、再生可能エネルギー、エネルギーマネジメントなどの社会インフラ、IoT の新事業開発、スマートシティなどの都市開発事業を実施。2019 年より東京大学に兼任して水素などの再生可能燃料のグローバルネットワーク構築に向けた研究活動を推進。著書に『なぜ、トヨタは 700 万円で「ミライ」を売ることができたか？』、『大胆予測 IoT が生み出すモノづくり市場 2025』、『公共 IoT ‐ 地域を創る IoT 投資』（以上、共著・日刊工業新聞社）など。
＜株式会社日本総合研究所・研究員紹介ページ＞ https://www.jri.co.jp/page.jsp?id=2870

エナジー・トリプル・トランスフォーメーション

2019 年 11 月 22 日　第一刷発行

著　者　株式会社日本総合研究所／井熊 均、瀧口 信一郎、木通 秀樹
発行者　志賀正利
発行所　株式会社エネルギーフォーラム
　　　　〒 104-0061 東京都中央区銀座 5-13-3　電話 03-5565-3500
印刷・製本所　中央精版印刷株式会社
ブックデザイン　エネルギーフォーラム デザイン室

定価はカバーに表示してあります。落丁・乱丁の場合は送料小社負担でお取り替えいたします。